キリスト教という現象

諸宗教の世界における一世界宗教

ハンス・ヴァルデンフェルス 著

花岡 永子
吉水 淳子 共訳

大阪公立大学共同出版会

日本語版への序

私のベルリン講義「キリスト教という現象」が、この度初めてアジアの言語の日本語で出版されることを、大きな喜びをもって知りました。第二次世界大戦が終わって以来分離されていた町が再び統一され、恐ろしい壁が取り壊されてから三年経った、一九九二－一九九三年の冬学期に、ベルリンのフンボルト大学で「キリスト教という現象」について講義したことは、私にとりまして大きな名誉でした。ドイツ連邦共和国の新しい首都では、久しぶりに、異なった大陸、国々そして種族、異なった文化や諸宗教の人々が、出会っています。現代の利益社会的多元論がベルリンに追手のように顕著に現れる町は、ヨーロッパの町では他にあまり存在しません。

ベルリンの諸々の墓地に精通している人は、ベルリンの哲学者たち、学者たちそして芸術の創作家たちが、現代のドイツの精神史や文化史を形成してきた強力な諸々の影響を承知しています。比較的新しいドイツの歴史的犯罪、つまり、ユダヤ教徒迫害、ドイツ民族社会主義による大虐殺《ショーア》や死の強制収容所への記憶もまた、ベルリンにおいて程残存しているところは、他にありません。けれども、ベルリンには、第三帝国のイデオロギーに対する抵抗、つまり一九四四年七月二十日の失敗に終わった暗殺計画や抵抗運動家たちの処刑への記憶もまた相変わらず生きています。

ベルリンが世界へと解放されることによって遂に、アジアの諸宗教との、とりわけ仏教との早期の出会いの諸センターが整います。日本の仏教との私の個人的な早くからの出会い、東京や京都での私の研究のための滞在、そして同様に、一九四五年の原子爆弾の投下によって世界に広く知られるようになった広島の町の近くで過ごすことになった二年間は、キリスト教の専門的仕事に際して、諸宗教の多様性と豊富さとを私に気づかせました。けれども、外国人たちとの出会いは、次の二種類のことを前提します。すなわち、自らの場所と立場をできるだけよく知っていなければならないということ。そして、他の人々の立場から物事を見る能力があり、しかもそうする気がなければならないということを前提します。世界を種々の異なった視点から、つまり自らの眼《まなこ》と他の人々の眼で、世界を理解し得ることは、人間の偉大さを形成します。

私たちの共通の師である西谷啓治を通して数年来の友人となった花岡永子教授に大変感謝しています。彼女は、数年前に始めた対話を続ける機会を、この本の翻訳によって私に開いたからです。私たちの師である西谷において、両方向に注意を向けることを学びました。仏教とキリスト教は、自らの生活の境界を超えて、一層大きい、垂直にはできない現実性を観察するようにと、人間を招きました。西洋の人間にとってはその際に、神なき宗教が明白に存在しているということは、魅力的であり、また同時に驚くべきことです。最も印象深い例は、仏陀の道であり続けています。西方の人間たちは、長らく大いなる自明性をもって神について語ってきましたし、また語っていますが、仏教では「空」が、西洋的に言うと「無」が、現れます。長い間、西方の世界で「神」の言葉が、絶対の肯定性、豊富さ、そして充溢を示しましたが、他方の「無」は、絶対の否定性の最後的表現でした。

その間に私たちは両大陸で、両者の結末が接することを予感しています。神秘思想の言葉に、十字架のヨハネに、そしてアヴィラのテレサに、マイスター・エックハルトやタウラーのようなライン地方の神秘思想家たちに、ニコラウス・クースや早期のトマス・フォン・アクィナスなどに、注意を向けるキリスト教のグループは、次のことに通じています。すなわち、いつも私たちが神について語るところでは、神が存在することを肯定的によりも、神が存在していないことをむしろ否定的に語り得るのだということに。疑いもなく、西谷啓治のような思索家たちは、否定神学に対する意味が西洋の世界で新たに蘇生することに寄与してきました。というのも、絶対無ないしは、ナーガルジュナ（龍樹）に従えば「空」（サンスクリット語ではsunyata《スーンニャター》）のアジアの主張は、西方が長らく徹底的な、ニーチェや他の人々の作品におけるような、ニヒリズムの中で見ていたかの否定性を決して意味していないからであります。

今日では人々は、段々と力強いと同時に無力だと自覚するようになってきています。その場合に次のような問題があります。すなわち、此岸での人間が彼岸を求め、此岸で彼岸の見張りをする一切は、結合するのかという問題が。此岸での彼岸は、何よりも先ず諸宗教において根本的なテーマです。全くの間違いでないとすれば、アジアの人間はむしろ、究極的な現実性に沈潜する傾向があります。なぜならば、語られるすべては、既に言語となって有限となっているのであり、制限されているからです。真に無限なものは、人間の表象や言語的表現からは遠ざかります。

この立場で仏陀は彼の後継者たちの中で今日に至るまで途方もない魅力を与えています。この魅力を私も感じました。他の諸宗教もまた、今日、求める人々へ強力な魅力を与えています。仏教、回教そして他の諸宗教の魅力に直面して、キリスト教徒は、キリスト教の魅力を問わねばなりません。この問いを、私の小さな本である『キリスト教という現象』の中で最後に立てました。この小さな本が日本でもまた、多くの求める人々や問う人々に小さな道標《みちしるべ》でありますことを、私は大変望んでおります。

最後に私はもう一度、花岡永子に感謝します。数十年来、彼女は極東の世界と西方の世界の間の架橋のために努力しています。この翻訳によって、対話の車輪をもう一度回転させました。共訳者の方にも感謝いたします。

エッセンにて

二〇〇九年十月四日

ハンス・ヴァルデンフェルス

著者まえがき

本書執筆を考えるに当たり、一九九二－一九九三年の冬学期のベルリンでのフンボルト大学での招待講演「現代の多元性におけるキリスト教」を書くことにする。この講義類や他の講義類の系列は、ベルリンでのロマーノ・グァルディーニの努力を思い出して、その作品類を現代のためにこの場所で新しい仕方で理解し、かつ続行しようとする試みの準備段階に属するものである。一九九四年にヘルダー出版社で出版された本は、長い間売り切れている。その後、イタリア語版（一九九五年）、ポーランド語版（一九九五年）そしてチェク語版が市販された。けれどもその場合に繰り返し、ドイツ語の新版が未だ出ないのかと問われたので、本書をもう少し今日的な作品にすることにより、新たに出版することが意味深いと思われた。この場所で私は先ずノルベルト・M・ボーレンゲッサーに対して彼の勇気ある協働と本書の準備をしていただいたことに感謝したい。

実際に百年の変化にも関わらず、キリスト教は論題であり続けている。相変わらず、キリスト教の歴史的成立や基礎づけについて語られ得るし、また多数のキリスト教の諸形式や変遷においても語られ得る。本書では、今日の利益社会におけるキリスト教の現象と意味が優位的に重要である。けれどもここでは――フライブルクのヘルダー出版社のペーター・ズフラ博士によって定式化された副題によって語られているように――先ず「諸宗教の世界における一世界宗教」が話題となっている。このことは、意味深く持続している。たとい、宗教的な学識にも関係する、我々の利益社会での段々と増大する学識の欠落に直面して、キリスト教へのこの問いが、更に広い深化を呼びかけることになるとしても。

疑いもなく、我々の時代と我々の利益社会とは、徐々に明白に、多元論の多様な形式によって特色づけられてきている。我々は――それを望むか否かに関わらず――事実上、多元文化的利益社会に生きている。多元文化的利益社会という概念から、立腹してそっぽを向く必要はない。というのも、この概念は、最初は一冊の疑いもなくポケット版を内容としていたのであり、価値判断を意味しないからである。感情的になることはここでは、一時的に屢々論究された概念「指導文化」と全く同様に、役立たないのである。思慮のある討論と論拠がここでは必要である。いずれにせよ、キリスト教は今日、自らの場所を新たに、世俗性と競合する諸宗教との間で、保守主義と進歩主義との間で、無関心と参与との間で、価値の意識と無知の間で、原理主義と融合主義の間で、新たに探さなければならない。キリスト教の魅力を感得したいと欲する者は、この多元性と対決しなければならない。

正にこのことが、本書で試みられなければならない。世俗性と宗教性の間のキリスト教の今日の状況から出発して（第一章）、霊的遍歴がヨーロッパ的－キリスト教的近世から後期《ポスト》キリスト教的近代への意向として描かれる（第二章）。その際には、この近代における諸宗教は、問うまでもなく「宗教」と「諸宗教」が多様に描かれた何者かを描いていることが明白となるとしても、重要な働きを持っていることが示される。

宗教的地図の特徴については（第三章）、自ずと世界宗教ないしは世界の最も働きに満ちた歩みを運んでいる諸宗教に関係している。その場合先ず、キリスト教の特徴的な根底的基礎であるユダヤ教が問題となる（第四章）。後期《ポスト》キリスト教時代に成立し、これまで非常に重要な世界宗教としての回教が、現在、そして二〇〇一年九月十一日以後初めて正当にも新しい仕方で迫って来ている（第五章）。けれども、最も強烈な宗教的二者択一は、アジアに存している。すなわち、ヒンズー教と仏教、それからアジアの中央の国である中国の儒教と道教に存している。けれどもこの土地は、依然として政治的状況によって、勿論宗教的にも、むしろ閉じられているように見える（第六章）。このような「諸宗教の市場」では、次いで同時に、特別に注目に値する原理主義と融合主義のグループの錯綜と諸々の反応も、生み出されている（第七章）。

結びの第八章では、最後に、最初の問いを論究している。多元的で、この問いに多様な文化によって刻印された利益社会においての、キリスト教の場所を求める途上で、キリスト教の魅力が示される。フライブルクのヘルダー出版社のペーター・ズフラ博士は、本書に副題「諸宗教の世界における一世界宗教」をつけた。この副題はそのままに残した。というのも、キリスト教は何よりも先ず一度、実際に今日の諸宗教の協奏曲《コンツェルト》の中で理解されなければならないからである。そうしてから、確かにキリスト教の特色への問いが立てられる。この点については、それらの問題は、次のように二段階に分けて考えられる。すなわち第一段階は、キリスト教の特別な出発時の出来事に刻印されて――「イエスへの記憶」――、第二段階は、イエスのまねびの歴史――「イエスによる選び」――そして第三段階はイエスの臨在史――「イエスが神の像であり、神の像である更なる贈与」――によって刻印されて、キリスト教は無比の仕方で、対話的なもののために格闘してる。そしてキリスト教は類いなき仕方で対話を、神の良き被造物としての人間から考え、従ってまた同胞への能力もあり、同胞へ呼びかける存在としての人間から対話を考えている。

キリスト教は以上のような貢献で相変わらず世界の議論の中へ歩み入っていく。先に挙げた事柄は、世界の全く別の場所である台湾での二度目の、ドイツ語による男女の宣教師たちの補修コースで一九九三年に、私が本書の大部分を紹介できた時に、私自身に改めて印象深く明らかとなった。キリスト教の好機《チャンス》は次のことにある。すなわち、キリスト教は、神の深さの中で神の内部に入っていくことに通じており、そこから生きながら、人類の今日の探求過程へと、キリスト教の使信と核心を持って入っていくことに存している。

最後に、私は次のことをお話しておきたい。すなわち、私は、宗教的な学知の平板化に直面して、ヨーロッパの伝統的にキリスト教的な核となる国々の中で、特にドイツで、本書の第八章を様々な視点からより広く深めることに努力したということを。そこで私は自ら、神への問いを、つまり教皇の教書（＝回勅）である「信仰と理性」（Fides et ratio）に関係して、信仰と学知、神学と哲学の関係について、並びに最後に改めて、諸宗教の領野でのイエス・キリストの地位について意見を述べた。この意味において私は特に、最近数年に出版した比較的小さな次の三冊を記しておく。

・『神。生命の根源を求めて』ベンノ出版社、ライプチィッヒ、一九九七年
・『二つの翼と共に』「教皇ヨハネス・パウルス二世の回勅」への注釈と注解。ボニファーティウス出版社。パーダボルン、二〇〇〇年
・『キリストと諸宗教』F・プステト出版社、レーゲンスブルク、二〇〇一年

二〇〇二年　聖霊降臨祭に

ハンス・ヴァルデンフェルス
（イエズス会）

目　次

第一章　世俗性と宗教性の間のキリスト教

序説1・宗教の二重の緊張領野

宗教は、ただ次の限りにおいてのみ重要である。すなわち、宗教が現在の人間の問いと艱難、希望と期待とに関係する限りにおいて。それ故に各宗教は二つの側面から考えられるべきである。一つは、今日の世界における各宗教の占める場所が問題である。どの程度まで各宗教が今日の人間の諸問題に解答を提供し得るものとして実証し得るかが問われるべきである。次いで、もし宗教が表面的にではない仕方で自らの今日の状態を熟視して、その状態から評価されるという場合には、宗教はその出来事とその根源なしでは考慮され得ないということである。由来と現在との非同時性は、宗教は今日の時代への解答提供として現れるのみならず、宗教が現在を問題にすることによって、それ自身問題となることが、必然的に伴ってくる。もし我々が、無意識的にではなくして自らの考えと視点とを我々の考えや行為の規範へと高める場合には、我々にとって明白に見えることが、不確かとなる。

今日の人々は、勿論大多数、正にこういったことをする傾向がある。その場合、彼らは、過去を時代遅れで古くさいとして疑いを挟む。だが——正当であれ、不正当であれ——吟味されるべきである過去的なものは、彼ら自身に疑いを挟むのである。このことは、もし我々が今日の利益社会で、わが地方を幾世紀にもわたって規定してきた宗教、つまりキリスト教に対する社会で示される姿勢を注意して見てみれば、非常に明らかになる。原則的には、ここでもまた、すべての宗教に対して我々が確立したことが、すなわち、キリスト教は二重の視角から見られるべきであるということが妥当する。

次の問いが立てられる。すなわち、キリスト教はどの程度まで、人々を今日動かしているかという問題への答えを与えているか。人々はこれらの問題を避けているのか。人々がキリスト教の使信を聞けば、彼らは分かってもらえたと感じているのか、と。我々の広がりでは、先ず第一に依然としてキリスト教への批判であるような、流布している宗教批判は、ここで根本的な再検討を必要とする。

しかしながら、もしキリスト教がその根源から考察されないならば、キリスト教は理解されることはない。各々の新宗教は——今の場合、キリスト教も例外ではないが——自らの起源や発端においては、その都度の優勢になっている社会的な諸関係に対する一つの挑発なのである。換言すれば、各々の新宗教は、これらの諸関係を多様な仕方で問題にするのである。改心や回心の議論はその都度、どのような役割を演じているかにのみ、注意が払われるべきである。同時に、初期キリスト教に対しては、今日まで意識の内にある殉教史が思い出されねばならない。

序説2・現代の多元論

以下においては、我々の時代の多元性におけるキリスト教が問題である。従ってキリスト教について語られねばならない。けれどもキリスト教の歴史的な成立や基礎づけやその多数の歴史的な諸変形についてはあまり語れない。それよりはむしろ、先ず今日の時代や我々の今日の利益社会におけるキリスト教の現象や意味に我々は集中する。このことは、更なる前もっての熟慮を必要とするが、我々はこの熟慮を二段階に分けて明らかにしたい。人間一般というのは存在せず、常にただ複数の人々だけが存在する。

だが、次いで、我々の時代は、時代のうちでは「多元論の時代」と特徴づけられている。我々は先ず、この二番目の点に注意を向ける。というのも、第一の点は、理解できるからである。更に、「時代の多元論」は、単数の人間が存在しないのと同様に、人間の利益社会一般も存在しないと述べている。むしろ今日では、我々は順々と効果的になる情報手段や技術的進歩によって可能となった我々の活動を基礎にして、以下のことを確認している。すなわち、我々は世界の種々の利益社会や文化と、また宗教や政治的－経済的組織と同時に関係し、確かにこの多様性が我々自身の利益社会の中にまで入り込んでいることを。換言すれば、ある一つの世界は、社会生活の極めて相違した諸領域の中で、平行する諸現象の多元性によって規定されているのである。

その結果、種々の社会組織と結合しているヨーロッパの交点にあるドイツの、ないしは中央ヨーロッパの社会の状況に我々の熟慮を制限したい時ですら、現代の多元論に注目せずしては、それは不可能である。更に我々は、その他の世界やそれらの世界の問いや問題との紛糾をもはや消すことはできない。既に述べたように、その他の世界との不断の結合が、我々をそうすることから守るのである。その場合に我々は同時に、世界は今日もはや単純には西欧的思考や西欧的調和の世界ではないことを確認する。単に相違する言語群とか人種に関係するのみならず、未知の諸宗教、競合する経済組織や国家組織にも関係しており、それらはそれぞれ自らの生存権を主張するのである。そこで我々は、その未知性が我々を驚かすと同時に引きつけるような世界と関係するのである。

二つの観察がこのことを明らかにすることができる。この地では「多文化的利益社会」という概念は相変わらず刺激的な言葉である。その場合に、第二次世界大戦後の数十年間においては宗派の境界線は遠く消失していったのみならず、我々の大都市は、別の民族的習慣のみならず別の宗教的な習慣、別の世界観並びにわが地の道徳的、法的諸規範をもまた生きる、増大しつつある大勢の諸外国の人たちで満ちている。問題は、この多文化性の明白な状況ではなくして、わが国における外国の人たちとどのように関係され得るかという問いである。「外国人労働者」という婉曲的な言い回しの言葉は、既にこの現象を包みきれないことは明白である。

この間に、外国人たちや外国のものに対する抵抗は増大している。ずっと以前に、「難民」という通り言葉は、比較的古い言葉の「外国人労働者」を覆う対抗の言葉となった。

その結果、我々は外国人によって引きつけられ、また突き離されていると感じている。というのも、たとい自国のその外国人や外国人たちに対する態度がどちらかというと分裂的と名づけられ得ようとも、異国という、広くて遠い外国の世界は、今なおお夢の世界であり、自らの日常茶飯事からの退去であり、最近では、少なからぬ人々にとっては、ヨーロッパの彼らにとっては意味のなくなったキリスト教の祝祭の期間からの逃避の可能性でもあるのである。クリスマスや復活祭に当たっての休暇旅行は、多くのドイツの団体の諸教会を空《から》にし、自らの方法でキリスト教から遠ざかることや転向することの表現となっている。キリスト教のこの状況は、このような点において、世俗性と宗教性との緊張の場での生活として特徴づけられる。

1　世俗性

a　概念の説明

世俗性という言葉は、ラテン語の saeculum に由来している。この語は、世界時代、また時期、次いで一般的に世界を表す。だが、この概念は、我々の理解するところでは、十九世紀との関係や、また西洋の広がりに属している概念「世俗化」（Saekularisation）、「世俗化すること」（Saekularisierung）そして「世俗主義」（Saekularismus）との関係において見られるべきであり、――決まり文句で言えば――「世俗的世界」（J・B・メッツ）を強調している。

「世俗化」は、狭義では、ある事柄やある領域あるいは教会的－聖職の主権から遠ざかったり、あるいは去らせたりすることを示す。ないしは、教会の財産に属していたり、あるいは教会のために指定されていた財宝を教会の同意なしで行われる世俗的な目的のために移転や利用に付することを示す。歴史的にはこの概念はフランス革命や、数多くの教会の財宝が支配権のために持ち込まれた、一八〇三年のドイツの世俗化と結合している。

「世俗化すること」は、次いで、諸見解、諸習慣、社会形態、事柄や人格すらの、並びに宗教やその権威を担う人々による規定から生まれるそれら全体の、解体を意味する。この過程は、宗教的なもの一般の強烈な私有化や個別化へと通じていく。

世俗主義とは、ある世界観的な企図へと高められた世俗化への過程であるか、それとも、誤った仕方でのイデオロギー化したこの過程の決着であるかのいずれかである。この過程は――厳密に受け取ると――世俗化することを宗教にしてしまう。しかしながら次のことに注意が払われなければならない。すなわち――何よりも先ず英語の理解の影響の下で――「世俗化すること」と「世俗主義」という二つの概念が屢々区別されずに使われ、次いで、「世俗主義」がまたもやイデオロギー的に使われていることに。

世俗性（Saekularitaet）は、このような理解の連関においては、既述の歴史的経過やそれらの諸々の意味合いの成果である。この成果は、その都度調整して、あるがままの世界へと意識的に帰還することについて語っている。この帰還は、一切の宗教的意味や説明の試み抜きではあるが、これらを否定しないか、あるいは一切の宗教とその超越との関係性を拒否した上での世界への帰還と世界での行為についても語る。宗教の見地からはそのような行為は、その場合、最終的には「世俗化」となる。

b　歴史の意味

さて、世俗化の強調が、ここで理解されているように、我々自身のヨーロッパの文化史から生じたのであり、その際に歴史の説明の一つのモデルとなったことが、見落とされてはならない。世俗化の態度は、宗教ないしは宗教的挙動からの「分離」となる。だが、「分離」は、この言葉通りの意味での理解においては、「前進」を包括している。歴史は、宗教の態度から世俗化の態度へと、従って純粋に宗教なき世俗の態度や相応の価値組織へと進んでいく。

この種の進歩思考は、比較的多くの側面から明らかにされ得る。

・三段階の法則：第一の例は、社会学の父であるオーギュスト・コント（一七九八－一八五七）にまで遡るいわゆる「三段階の法則」のモデルである。これに従えば、人間の精神は「神学的」から「形而上学的」段階を経て「科学的」段階へと進歩していく。歴史の進歩は、かくして神学から哲学を経て科学へという進歩によって特徴づけられている。「神学」は、この段階では、第一原因と、超自然的、超現世的諸力を指示する最終の目的への問いに答える。「哲学」は、成る程、同一の問題を立てる。しかし哲学は、――おそらく歴史の歩みの中で取り除かれるべきである残部に至るまで――諸物の中に存する諸法則によって答える。「科学」は、結局は絶対的な教示を諦め、どんな形而上学的な問いをもはや立てもしないし、またその必要もない。それよりはむしろ「実証的なもの」が、認識され、観察され、整理され、次いでそれらが、類似性と非類似性などを順序関係、共時的関係そして並列的関係の中で理解することを試みる。

三つの知の体系の順序は、発展的な体系へと、従ってその都度一歩手前の段階は次の段階の中へと、止揚していく進歩の歴史体系へと嵌め込まれている。成る程、この仮説の科学的順序は、今日では論争される。しかしこの仮説は、少なくとも可能的発見的原理として疑いもなく土台の役割を果たしている。

・神話《ミトス》から理法《ロゴス》へ　決して時代遅れのものではないが、同じく今日ではもはや嘗てと同じ強烈さでは人前では使われない別の「神話《ミトス》から理法《ロゴス》へ」というスローガンがある。――ミトスとロゴス――という二つの概念は、「言葉」を意味する。「神話《ミトス》」は、この意味では、実際に前提された、神や神々の現存在を、また神々の行為や働きを何よりも先ず世界や世界内で叙述し、語っている権威ある伝承された言葉を意味している。これに対して「理法《ロゴス》」は、真理を合理的に実証することと関係している。ロゴスのギリシア語の語源ではこの概念は、色々の個々の現象をそれらの共通の本質へと固定化することによって、現実を度外視する。他方、ミトスは、正に単独の人間を責任あるものとして、具体的な出来事について物語る。ミトスには現実を受け取るという特徴を属しているが、他方ロゴスでは人間は現実を自ら形成することに目覚める。

ここでは、ミトスとロゴスの二概念領野の詳しい概念史に携わることを諦めなければならない。たといそうすることで初めて必然的な区別が現れるとしてもである。ここでは、ミトスとロゴスが歴史の歩みの中で段々と、神の言葉と人間の言葉として分かれ始め、人間の理性の覚醒は理性の働きを、分析的思惟と総合的な思索へと分けて理解したということで十分なのである。中世の哲学ではギリシア語のロゴスには確かに多くのラテン語の諸概念が自由に使われ、そのうちではここでは先ず ratio（理性）と intellectus（知性）が挙げられる。その後ドイツ語では Verstand（悟性）と Vernunft（理性）が使われた。「理性」はその際には、根本的理解では、諸物を能動的、合理的に計算したり、理解することよりも、諸物の了解に一層近く接している。

更に、論理的思惟の批判的ほころびが、神話的な話に関わったところでは、必然的に、意図された内容と人間の言語形態との区別に至らざるを得なかった。この先例を現在では我々は、何よりも先ず、ルードルフ・ブルトマン（一八八四－一九七六）によって始められた聖書の「非神話化」から知っている。自然科学的な諸発見の諸成果を基礎にして結晶してきた現代の世界像の下で、ブルトマンには、聖書の物語テキストの時代に条件づけられた解釈やその意図された内容の新しい解釈の不在の問いが立てられたのである。新解釈は、ブルトマンにとっては、最終的には実存（論）的な有意義性という考えであった。けれどもこの連関では実存（論）的有意義性が問題なのではない。そうではなくて、別のことが問題なのである。すなわち、先述のスローガン「ミトスからロゴスへ」の意味で、多くの同時代の人々には「非神話化」は神話的な物語の新解釈の問題ではなく、むしろ神話的なものそれ自体を遠ざけ、克服するという挑発が問題なのである。

・「宗教なきキリスト教」 更に第三の例を思い出してほしい。この例は、ディートリヒ・ボンヘッファー（一九〇六－一九四五）の熟慮に関連している。彼は捕えられている時に時代の前進についてこの熟慮を提唱したが、この熟慮は彼の書簡集『抵抗と服従』の中に書かれている。一九四四年四月三十日の彼の手紙の中で、彼は完全な無宗教性の時代に突入している。その際にキリスト教は彼にはこのような無宗教性の「前段階」に見えるのである。そこで彼は、このことが教会にとってどのような結論を持つのかを自問している。「無宗教的キリスト者がいるのか」。「宗教なき時代のキリスト者の生」とは何を意味しているのであろうか。我々は〝世俗的には〟神についてどのように語っているのだろうか。「無宗教的キリスト教」への問いをボンヘッファーは彼の死に至るまで持ち続け、この問いは彼にとっては知的な誠実さの問いとなった。一九四四年七月十六日の手紙に書いているように、「あたかも神が存在しないかのように」我々はこの世界で生きなければならないという洞察を承諾することが誠実さなのである。だが、このことは、彼にとっては我々が常にその前に立っている「神」と共に生じるのである。すなわち、「我々は、神の前で神と共に、神なしで生きるのである。」

c　教導点？

最後に、思考の新しい姿として理解されるのみならず、新しい宗教が自由に生き、かつ神なき人間を眼前に見る、生の展開に直面して、次の二つの事柄が考えられる。

宗教の徹底的な分離のモデルが同様に徹底的な世俗的態度によって正しいと見なされるならば、人間の態度の新しい問題点への問いが生じてくる。

また、別の問いが残っている。すなわち、神話《ミトス》から理法《ロゴス》へ、神学と哲学から科学へ、宗教から純粋に神なき現実の世俗性へという西洋の世界で支持された、進歩のモデルは、持ちこたえるのか、という問いが。

西洋の世界自身にとっても、徹底的な価値の変化は見過ごされない。価値の変化は、ある時は、具体的な宗教の諸要求に対して社会の拘束力が段々と否認されることによって制限されている。成る程、宗教的なもの一般からの解放や特にキリスト教的なものからの自由な空間は――教会と国家の分離のあらゆる種類の強調にも関わらず――我々西洋諸国の諸憲法の多数において保証され、守られ、また屢々――ドイツにおいてのように――解放された自由空間に対して増大する抵抗が示されるという仕方で特権を与えられることとすらある。

社会の行為のこのような側面は、しかしながら、次のような別の事実を見過ごさせてはいけない。すなわち、特権を与えられた自らの生活の承認は非常に確かに、先に述べた世俗化することの根本的態度と共に進むのであり、従って宗教的諸権威は、全利益社会に対して統一的に規定しているようなどんな規定手続きをも行っていないという事実を。従って、無宗教性ということは、宗教が社会の中に欠けていることを意味しているのではなくして、次のことを意味している。すなわち、社会に対して社会生活の中でどんな普通の拘束ももはや迫ってこないことを。そこで問いは、何が教導手続きとして宗教に代わるのかということである。

この連関で原則的に議論され得ない問題は、今日、倫理的諸質問の増大する意義において示されている。諸科学や特に自然科学や専門諸科学の問題が長期にわたって理論的にも実践的にも優先的に知の問題であったので、学問的認識の多くの応用状況は今日以下のことを明白にしている。すなわち、人間のできることをすべては必要としていないということを。原子物理学、遺伝子の研究そして他の医学的諸可能性、生態学や経済学、また、推察するに宇宙研究の領域における知識を我々は考えている。その成果は、多くの相違した諸科学で今日、諸科学の倫理の問いが出され、また原子物理学者たち、医学者たち、生態学者たち等々の倫理的な諸々の問いが問われているることである。これらの諸領域では、今日、高度の難問が明白となり、倫理的に責任を取り得る態度の基礎に対する問いが出されている。

民主主義の諸原理に対するあらゆる尊敬に際しての行為の真理と同様、事柄の真理が、投票の結果を根拠として量的に探求されるべきではないということと、また質的ではないものとしての「利益社会」がそのような真理を決定することができないということが、相変わらず少なくとも思慮深い人々にとっては明らかになる。従って、「人（がなす、が言う、が考えるなど）」の匿名もまた、何が倫理的に責任を取り得るかについて決定することはできない。けれども、今日の諸教導を探す場合に、所謂「世論」の重圧は軽視されてはならないのであるが。人間的な「合理性」での方向はかなり困難である。「理性的」であるということが、すべての人々が、行い、語り、考えるなどの事柄では、未だ読み取られてすらいないのであるからである。確かに、人間性ないし真に人間であること、倫理的なものの規定における「人間的であること」は、重要な役割を果たしている。けれども我々は、世俗性の世界時代に生きているので、教導点としては次の事柄が明らかとなる。すなわち、私の隣にいる他の人々、未だ生まれていない人々や彼らの将来、また役に立たないと思われる人々や、病人たち、お年寄りの人々や障害者たちに対する尊敬の念が。教導のための色々な導きを探すことは、態度の諸標準や諸方法を求めての議論ないしは教導の探索である。つまり、論拠であり、同意を得るための努力である。

けれども、自らの生の諸限界を超えた絶えざる問責が残る。そこで、自らの時代や自らの空間の制限性は、人間らしい生活を色々と問うそれらの時代や空間のその都度の特有の範囲を持った歴史や伝統を指示することになる。我々の現代にとっては次のことが、ここでは更に加わる。すなわち、我々自らで解決できる事柄の他に、他の文化諸領域から示されてくる事柄の解決をもまた見つけ得なければならないということが。我々がそれを望むか否かに関わらず――我々はこの点で今日、常に諸宗教の多元性にも注意しているのである。諸宗教は、生活力はその場合、宗教の枯死という西洋の論題《テーゼ》に対する決定的な対抗手段となるからである（我々の今日の時代に、中央アジアのシャーマニズムの枠内で新たにその頭が擡げられ、また今日のロシアで聞かれ得るようなものが、つまり、シャーマンたちが西方へとやって来る場合には、次のことは決して否定され得ない。すなわち、宗教の死滅という命題はそのうちに歴史の塵埃となることは）。（訳註：カッコ内は、二〇〇二年のボーレンゲッサー出版社版での付加部分）

私自身の論題は、我々はキリスト教を世俗性と宗教性との緊張の領域内で見なければならないということに尽きるのである。換言すれば、私は次のように考える。すなわち、西洋の、相変わらず広く拡大している進歩の命題は、今日の世界の生きている諸宗教の多元性に直面しては、維持されることはできないと。これに対応して我々はこの問いに、宗教の、諸宗教の、宗教性の再強化へと、徐々に進んでいるのである。

2 宗教性

a 「宗教」

ここでもまた、先ず二、三の概念規定に対する注意が払われる。「宗教性」は「宗教」と関係している。「宗教」は、その根源からして、二義的に初めて体系概念となったところの抑制概念である。

・**抑制概念**　トマス・フォン・アクィナスでは、宗教とは、神に対して人間が返済の義務がある根本態度である（『神学大全』Ⅱ－Ⅱ、（Qu.）一二二、（art.）二参照）。この意味において「宗教」は彼にとっては、枢機卿の徳のあらゆる相違性にも関わらず、正義に属する倫理的概念なのである。つまり、宗教は、人間によって正義のために神に対して借りているもの、すなわち、第一には神を敬うこと、祭式なのである。換言すれば、この中世的な理解においては、宗教は人間をその救いの神へと整列させるのである。

・体制概念と組織概念　第二義的に初めて、宗教は、教義体系となり、そのような体系の信奉者のための総体概念となり、それと共に、教会概念や集団概念となり、最後には、宗教的諸挙動の全体の表現となった。今日、「宗教」というものは、キリスト教でそれを例示してみると、雰囲気的に「キリスト教」と名づけられているものに至るまでのキリスト教教義を意味しているか、あるいはキリスト教の協会としての教会ないしは「キリスト教性」あるいは最後的にはキリスト教的生活の可視態、つまりお祭り、いのちの通った聖餐式の実行をも意味している。つまり、根本的には教会内で証言《マルチュリア》と交わり《コイノニア》と奉仕《ディアコニア》の三つ巴によって表示される一切を意味している。けれども、本質的には、世界領域の中へとその一切は広がっていく。重要なことは、キリスト教自身が本当は、そのような種類の諸協会のただ単に一例にしかすぎないということである。我々のうちの誰もが今日、多数の宗教が存在することを知っている。簡単に言えば、我々が、日々の生活の中で繰り返し別の宗教の信念の、つまり、少なくとも別の宗教的由来の人に出会うと思う場合には、我々は今日ではそれにふさわしく「諸宗教の出会い」を語る。

b 「宗教性」なき「宗教」

だが、「宗教」と「諸宗教」の概念が、本質的に対象化された、ないしは対象化可能な外的見解に対して存立し、従って先に述べた個々の成員の宗教的態度について何も決定されていないところでは、成員たちの中で生きられた宗教内部への問いが立てられる。この内側を考え、従って始めに書いた態度の側面に再び達したい人は、今日、多くは「宗教性」について語る。

ここで我々は今や、次第に頻繁に、「宗教」と「宗教性」とが崩壊するという観察に到る。具体的にはこのことは、人々が体制としての彼らの宗教から離れるけれども、宗教性を否定させないということである。我々の国のドイツでは、このことは先ず、今日教会から離れていく多くの人々に当て嵌まる。生活の内的側面としての宗教性は、今日でも未だ徹頭徹尾種々に神信仰として、少なくとも神的なものあるいは超人間的、超越的な力との結合として理解されているが、そのような宗教性は、その場合、教会員の資格あるいは宗教に所属するという資格を必要としないのは、丁度、人間らしい結婚証明書なき生活共同体が結婚を必須としないのと同様である。

更に、宗教的な過去の証人たちが、西洋の国々では屢々、博物館的-活気なき印象を与えていることは、否定され得ない。多くの古い教会が実際に名所へと廃れて、なお祈りへの招待となることがないのである。他の諸教会は、一日中閉じられており、また、閉じられたままである。他方、別の諸教会は、交通障害として示され、職務実行したり、あるいは都市計画の諸要求に譲歩しなければならないこともある。多くの西洋の国々で生ずるこの種の諸経験は、宗教の枯死の論議を強要する。

c 「新しい宗教性」

「ドイツ人たちは何を信仰するのか」というテーマへの第一のアンケート後、二十五年経って、雑誌『シュピーゲル』（Spiegel）は、一九九二年春に新しい機関であるＥＭＮＩＤ（BRD Institut fuer Markt- und Meinungsforschung Bielefeld）によって第二のアンケートを施行させた。そこでは、我々の先に試みられた熟慮が次のように高い確立で有効と認められた。すなわち、すべての解答者の八十パーセント、東ドイツで七十四パーセント、西ドイツで八十二パーセント、プロテスタントの八十三パーセント、カトリックの七十八パーセント、無宗派の人々の八十パーセントが、教会に所属することなくキリスト者であり得るとし、他方単に未だ十九パーセントの人々が反対の意見であり、一パーセントの人々が問いに対して答えていない。同時に、個人的な神信仰の、キリスト教の神信仰との一致は、明白に減少している。次の諸数字がこのことを示している。すなわち、アンケート解答者の全体数の僅か三十七パーセントだけが十四年以上にわたり高度の一致について語り、五十二パーセントがそれについて軽く語り、十一パーセントはその一致について語っていない。この数字は、例えば、日曜礼拝においても表れているように、明白に諸教会との結びつきの程度と共に変化している。

いずれにせよ。これらの照会は、現代の人々の宗教性が変化していることを是認している。この変化は、比較的広い社会を見やって二重の仕方で踏み出した。一つは、いわゆる「若人宗教」の一九七〇年代初めの出現によるもので、これらの若人宗教はかなり対象化している用語でその間「新宗教運動」と見なされた。それから、他の一つは――キリスト教ではない宗教的な諸集団の現れとは独立に――いわゆる「ニュー・エイジ」の諸現象の中で現れた。

・若人宗教　「若人宗教」という表示は、以下のことに由来した。すなわち、そのように名づけられた諸グループは、多くは一九六〇年代のアメリカの青少年の現場から西洋へやって来て、ここでも未成年たちの間でその最初の伝播の広場を見出したのであり、ついに、何はさておきそれらのグループの卓越した目標グループのためにこの「若人宗教」を作った。その際には先ずインドの以下の諸グループが主要であった。すなわち、数グループの例だけを挙げてみると、ハーレイ・クリシュナ教団・ヨガ行者の導師のＴＭ（「超越論的瞑想」）教団、後にはバグワン運動教団・それからモーン師の韓国統一教会並びにサイエントロジー（訳註：**L. Ron Hubbard** が創始した宗教、**scientology → scio**（知ること）＋（**logos**））教会が。これらのグループの数字の上での広がりは僅かであったし、またこれまでも比較的少ないけれども、それらのグループの社会的影響は限りない。この影響は、むしろ勝利したのである。つまり、東方の国々での東欧の社会システムが瓦解した後、これらの若人宗教のグループの多くにとっては、新しい活動の場が開かれていると見なされているからなのである。

先に挙げられた諸グループの魅力は、通例次の三点にまとめられる。①これらのグループは――

模範が欠け、教導形態が欠けていることに直面して——自らの側自身に中心的創唱者ないしは教導者とならねばならない責任があると、感じていること。②これらのグループは——キリスト教の聖書講読の強力に独断的‐教訓的な伝達とは反対に——色々な点でむしろ非独断的であり、その代わりに明白に実践的な生活上の計画を示していること。③これらのグループでは——西洋の匿名の大教会という普及した印象に対して——それらの僅少さの中で巣の暖かさと、それらと同時に新しい共同社会の感じ（Gemeinschaftsgefuehl）を広めていること。この種のグループの魅力の諸要素は、従って我々の利益社会ではキリスト教の欠陥を暗示する。

・新時代《ニュー・エイジ》と秘教　“New Age” という用語において特定の諸グループへの洞察はもはや方向づけられてはいず、我々が今日そこで宗教的に生きている時代が描かれている。成る程、英語の “New Age” は、「新時代」に他ならないが、それはもはや我々に周知の「新時代」とは同一視され得ない。むしろそれは、少なくとも新しい段階の意味でのこれらのグループへと通じている。「古典的」な西洋の現代（Neuzeit）に対して、それは「二者択一的」と名づけられ得る。更なる諸特徴は、「全体的／収斂的」、「霊智的《グノーシス》‐霊的《スピリチュエル》」という標語で、何よりも秘教的に与えられている。

迷いの中へと陥った理性と合理性や、自然と自然の資源との関係の中でそういう理性や合理性の実践的結果に対して、凶悪な戦争や更には徐々に拡大していきつつある消費による人類の脅威の中で、「二者択一的生活」への、降りることへの、つまり、生物的なものや自然的なものの新しい形態への、新しい意識に向かっての呼び声がするのである。けれども、合理性に対する二者択一的なものは、非合理性とは名づけられない。自然科学によって一面的に統治された世界像に対する二者択一的なものは、神話的世界像の回復の中には成り立ち得ず、また人間の自己実現の材料と成り下がった世界は、「世界の再魅力化」（G. Schiwy）ではあり得ない。

「全体的なもの」への呼び声は、何よりも先ず、個々の展望や特色ある専門主義に対して、高まる。この意味において、身体と精神を統一的に見る全体論的思考と収斂的意識が重要である。分析的思考の下での全体的なものの認識は流れ去り、また全体は人間的な概念や諸概念から遠ざかり、現実理解の「補足的」な道が面白くなる。そのような道は、内面を得ようと隠れたものや言葉のないものへと惹かれ、直観や瞑想に仕える。秘教や神秘学的なものが問題である。この領野については、消極的な調子で語られる。

多くの修練者は言葉なしで隠れたものの知覚へと合一され、行者たちはその結果、事実上、あるいは推定するに知識ある者たち——指導者たち、教祖たち、師匠たち——のところへ行くように命じられるので、それに従って実習や指導している者たちが判定される諸標準には段々と大きな意味が帰属するようになる。

しばしば秘教の諸グループは外部から見られることを避ける。往々にしてこれらのグループは、今日組織的には殆ど気づかれない。その上「経験できないもの」には、瞥見は拒まれ、その結果極端な場合には秘密鍛錬が成立する。

全体性へ向かって努力する立場の裏面は、「融合主義」ないしは救済する「一切－一」への道としての諸宗教の区別のない同一視である。諸宗教における二重会員や多重会員の人々は、この間に同様に確認可能となっている。

だが、救い、包括的なものにおける教導、支えている根拠の追求は、宗教的なものの諸範疇である。New Age（「新時代」）と、――先鋭化する世俗化や無宗教や無神への期待とは反対に――新しい宗教性が結合していることは、確実である。この意味において、「霊性」という標語は、新しい居住権を保持している。すなわち、霊性の概念は、いずれにせよ、キリスト教が失う恐れのあるところのものに属する。なぜならば、不可解なものや包括的なものの霊がむしろ非人格的に、また顔なしで世界で生き延びてきた程度において、霊性の概念は、決断を呼びかけているキリスト教の霊としてではなく、ミクロの宇宙やマクロの宇宙を吹き通る動力、エネルギーそして生命力として、つまり、宇宙の共通で神秘的な根源として認められる。新しい汎神論と言われる。だが、この世界の法則は、「認識」されようとする。真の「認識」あるいは――伝統的言葉で表現すれば――Gnosis（霊智）は、同様に新しい時代の主導動機に属する。この概念の分裂性は緊急に解明を呼びかけるのである。

第一章で確認されたこと

1、キリスト教は死滅してはいないが、現代の利益社会においては、著しく規範的力を失っている。

2、特殊なキリスト教という宗教と宗教一般とは、徹底的に世俗化した思惟の中へと分解し、少なくとも止揚するという期待は、満たされてきていない。

3、宗教は、伝統的な宗教性の中にも、同様、種々の源泉から給せられる新しい二者択一的な宗教性の諸々の姿の中にも生きている。この意味で——既に純粋に記述上は——後者の新しい宗教性は、「融合主義的」と名づけられることができる。

この結果は、諸現象の中で示された新しい状況へと通じていった、かの諸原因をもっと詳しく規定することへと呼びかける。

第二章　ヨーロッパ的－キリスト教的な近世から後期《ポスト》キリスト教的近代へ

「アメリカ発見」の事例

西洋の近世の始めは、輝いた日付に固定される。その一つは、クリストフ・コロンブスが土着の住民クワーナハーニによって命名されたバハーマ島に上陸し――幾世紀もの間我々のところでそう呼ばれた――アメリカを発見した一四九二年十月十二日である。何かが歴史の更新された変化をつける場合は、この日付を今日批判している。この出来事の思い出を百年前には未だ明らかにアメリカ発見の祝祭として祝っていたが、今日では、熟慮や困惑や、時にはまた驚きの気分がそれに変わっている。アメリカ大陸発見の意識よりも、「秘密探偵」（Conquista）、すなわちアメリカ大陸の略奪や諸民族の抑圧、諸文化の粉砕やそれらの国々の宝物の搾取をめぐっての見聞の方が強くなった。エル・サルバドルで一九八九年十一月十六日に殺害されたイエズス会士のイグナシオ・エラキュリアは、言うまでもなく「発見それとも隠蔽？」と質問している。また、ゲオルグ・クリストフ・リヒテンベルクは、ヨーロッパ人たちが作った発見の話を逆にし、コロンブスと他のヨーロッパ人たちと初めて接触したアメリカ人たちが作った「悪質な発見」と語りたがる。この連関では、コロンブスが聖列に加えられるべきではないかどうかは百年前には決められなかったが、今では少なからぬ人々が追加的にコロンブスの責任を追及したいという状況である。

今日、アメリカ大陸発見以来の五百年に圧しつけられているこの二犠牲は、ヨーロッパのキリスト教への二重の再質問となる。事実、この二犠牲は次のことへと通じていく。すなわち、二千年の終わりに両者——ヨーロッパとキリスト教——は、世界でかつて得ようと努めて獲得した地位は疑いを挟まれている。一層はっきり言えば、ヨーロッパ中心主義もキリスト教の絶対性の要求も、今日では同様の仕方で拒絶される。だが、それと共に、私が「ヨーロッパ的-キリスト教的近世」から、「後期キリスト教的近代へ」の移行と書きたい時代の転換が見えてくる。それぞれ洞察の角度に従って二つの概念は統一ある時代の二段階を、あるいはまた二つの相互に交代する時代を示す。私自身は、第一の洞察に賛成する。更に、これら二つの名称は、次のことに注意するようにと促す。すなわち、我々の考察においては本質的に、現代の変遷でのキリスト教の役割が問題であることだ。

1 「近世」

a 時代名称の選択

外国の諸世界が見えてこなかった限りでは、近世の場所は明白であった。「近世」は「ドイツ民族のローマ帝国の領域」を、つまり、(中央) ヨーロッパ世界、わけても西洋のキリスト教によって刻印された世界を示す。これら二つの解釈は、次の二つの確かな制限を含んでいる。(1) 近東のキリスト教を伴っている東洋の世界は、一〇五四年の教会分裂後は、むしろ周辺的に留まった。(2) 回教の世界は、これに対して、同様に欄外的存在ではあったが、同時に持続的に敵対的な世界であった。

「近世」は、時代的に所謂「中世」に対しての区切りをつけた。近世の概念は、ヨーロッパの歴史理解の枠内での既に十五世紀に使われた。ヨーロッパの影響空間の広がりは、他の諸大陸によって、またヨーロッパの諸国家の植民地政策によって拡大し、全く自明的であるが、新しい世界へと移されていった。そしてその後、我々の時代にまで、全く共通に時代区分概念として使われている。

中世と近世の間の切れ目は、連続する時代において色々な出来事と結びついている。これらの出来事には、以下の事柄が数え上げられる。

・ヨハネス・グーテンベルク (一三九七/一四〇〇－一四六八) による印刷術の発見。

・既述の、コロンブスによるアメリカの発見（一四九二）。
・マルチン・ルター（一四八三－一五四六）による一五一七年の宗教改革の始まり。
・コペルニクス（一四七三－一五四三）の一五一四年の陳情書（De hypothesibus motuum coelestium comentariolus、『天体運動の仮説についての小さな註釈』による太陽中心の世界像の紹介。
・トルコ人たちによる一四五三年のコンスタンチノーブルの征服。

種々の出来事を相互に結びつけると、一四五〇年から一五〇〇年までの間の中世から近世への移行を印しづける「限界の時」について語られ得る。

更に挙げられる出来事は、しかしながら同時に続く時代に問題の分野になったものを示している。それは、以下のようである。

・教会の権威に対する、読書ができるようになりつつあった市民たちの成熟。
・ヨーロッパ文化に対する外国の諸民族と諸文化。
・キリスト教世界の分裂と教会の統一のための諸帰結。
・聖書の権威と教会の教義の権威の要求に対する新しい世界像と自然神学的方法。
・キリスト教の絶対性の要求と真理の主張が、回教によって、後にはまたアジアの諸宗教やその他の世界によって、常に脅かされること。

b　人間中心性

近世の「新しいこと」が問われるならば、中心的要素は神中心的な世界像から人間中心的な世界像への転回である。この方向転換は、見本的には、二、三の支配的動機に固定される。それを取り上げると、新しい我－意識、啓蒙、神複合体である。

・「われ思う、故にわれあり」　ルネ・デカルト（一五九六－一六五〇）は、彼の著書『第一哲学についての省察』（一六四一）との連関で、「われ思う、故にわれあり」で引用される。人間の現存在の確実性は、ここでは疑いようのない、従ってまた拒まれようのない自らの「われ」についての人間の知において固められる。疑っている「われ」の知覚においては、実存的な疑いは解ける。このことは次の事柄の決定的な出発点である。すなわち、この出発点から、他のすべての実在性に対して人間の思考が特別に洗練されつつ、手探りながらに前進することの。これは神の問いに対してもまた妥当する。

信心深いカトリック教徒としてデカルトは神をあまり否定はしない。けれども、その結果困難であっても、「われ」はデカルトにとっては現存することが一般の場となり、その結果また、神の現存することの場となるのである。エーバハルト・ユンゲルは彼の著書『世界の奥義としての神』の中で、デカルトのこの考えの発端がひどく揺り動かすなりゆきを気づかせた。というのも、神が歴史の更なる経過の中で段々と必然的結果として「人間の自己実現の要素」の一つになり始め、遂には神は――フォイエルバッハ、マルクス、フロイト等々において――人間の単なる投影にすぎなくなるからである。

デカルトの出発点となるものは、近世の次の数世紀間、それ故に次のようなところで、彼の考えの続行する場を見出した。すなわち、人間のエゴが解放され、神表象を必要とせず、また結局は神表象の能力を待たない主体性が成長した場で。デカルトと同時代のブレーズ・パスカル（一六二三－一六六二）は既に、デカルトでは神は彼の思考の隅に逸れていて、またデカルトの思考に逆らっていることを知っていた。

・「啓蒙」　啓蒙の古典的な以下の内容は、イマヌエル・カント（一七二四－一八〇四）に由来する。

啓蒙とは、人間が自ら自身に負債として負っている未熟性から出発することである。未熟性とは、他者の導きなしでは自らの悟性を使うことができないことである。自らに負債があるとは、次の如き未成熟性である。すなわち、未成熟性の原因が、悟性の欠陥ではなく、他者の導きなしでは自分で働く決断や勇気を欠いているということである。「勇敢に賢くあれ！」、「汝自身の悟性を使う勇気を持て！」ということは、従って啓蒙の標語である。

自律を強調しての啓蒙は、外国の規定の種々の方法や最終的には啓蒙宗教の要請に対する意識的な対立の中で、理性では計り得ず、むしろ理性の働きが測られ得る手続きを意味する。啓蒙の支配する近世の終末頃のキリスト教は、神の啓蒙が真の啓蒙であり、「啓蒙」そのものがキリスト教の自己理解の鍵となる範疇となったという主張に出会うことは、見過ごされてはならないであろう。

けれども、この啓蒙において普及された人間の理性の要求の影響下でキリスト教は、段々と明白な防衛の姿勢へと陥った。これは同時に、次のことへと通じていった。すなわち、進歩しつつある理性に条件づけられた認識過程や同様に徐々に増大していく自主的な自己処理に抵抗し、だがそれと同時にその都度の新しい認識の立場や処理の状態の後を段々と走り続けるようになってしまって、その都度の時代の高みに同時に留まらないでしまったことへと。

・「神への複合体《コンプレックス》」

そうしているうちに、近世的な啓蒙自身がその批判的局面を迎えてしまった。近世の啓蒙は段々と自ら自身の歴史的条件性と、またその制限性が失敗と判断されたところではその単純さにおいて、仮面を剥がされていく。ホルスト・エーバハルト・リヒターは西洋の近世の歴史を反省するうちに、この事態を「人間的な全能についての幻想の歴史」として記述し、この結果を社会分析的に「神への複合体《コンプレックス》」と名づけた。その後、西洋の人間は、中世から徐々に遠ざかるに従い、神からも非常に疎遠となったためか、自ら自身が神の座に就こうと試みる。人間を中心に置くことは、次いで様々な様相の形をとった利己主義を語ることになる。何よりも先ず、神の力強さ、神の全能が人間に強烈な印象を与えてきた。その結果、西洋の人間はそれ以来、自らが全能的になって、神を自ら全能で引き継ごうと努力している。この挙動の結果、心の論理が頭脳の論理に負かされることになる。次いで、全能はその最初の表現を、外界の無限性を把握することに見出す。この把握は、更にまた内面的なものの同時的荒廃と手を取り合っていく。感情の世界は零落し、男性的なものの優勢が、女性的なものや包括的‐人間的なものを押し退ける。人間の活動力は人間を同時にむしろ悩む力のないものとしてしまう。このことは更にまた、次のことへと通じていく。すなわち、すべての苦悩する人々は周辺に追いやられ、遂には、全く無視されることはないとしても、生活力のない者として軽蔑されることへと。

リヒターの社会分析的ないし文化分析的な研究は――先に述べたように――近世の終わりに現れるような西洋の人間を捉えている。リヒターが療法を提案して確定的に示していることは、疑いもなく熟慮に値する。だが、ここではもうこれ以上は続けない。というのも文化内在的に進められているからであり、従って時代の区切りは部分的にのみ正しいからである。

c 「近世の終わり」

新しい時期そのものを洞察する前に、予め、ロマーノ・ヴァルディーニ（一八八五‐一九六八）が既に四十年前にしたように、通り言葉の「近世の終わり」が考察されるべきである。勿論彼は近世の終わりを告げた最初の人ではない。既に第一次世界大戦の時に、オスヴァルト・シュペングラー（一八八〇‐一九三六）は、少なくとも通り言葉的に再三再四引用された二巻本の『西洋の没落』（一九一八‐一九二二）を書いた。

ヴァルディーニは、時代の見方を三つの標語にまとめている。すなわち、自然‐主体性‐文化と。これらの三つの標語は、近世的人間を中世的な人間から際立たせるが、しかし同時に、近世の終わりが確定されるかの符号点を形成する。

・「自然」　近世において未だ神的な崇拝やびっくりするような敬慕を浴びた自然は、人間がものを作る材料へと堕落する。が、それは、技術的な占有の影響のためであった。ヴァルディーニは批判的に次のように述べている。

技術の標準設定を、人間の福祉のために使用することによって基礎づけようとすることを、近世は好んだ。こうすることによって技術はその良心のなさが引き起こした荒廃を包み隠した。今後の時代は、別の言い方をするであろうと思う。今後の時代を背負う人間は、技術では最後的には、利用や福祉ではなく、支配が問題であることを知っている。つまり、言葉の最も外的な意味で、新しい世界情勢の中で自らを表現しながらの支配が重要であることを。

・「主体性」　個性や人格の上に、従ってまた個々の人間の尊厳さの上に成り立った人間の主体性は、集団や集団化の中では失われ、技術的な装置の機能として設計され、管理されて嵌め込まれる。ここではまた、本質的な首尾一貫性として権力や諸権力との関係が生じてくる。人間は、自らに委託された仕事をもはや人間として実現できない場合には、人間が三人称単数「物力」（Es-Macht）として供給され危機が生ずる。ヴァルディーニは「非－自然的自然」に対して並行的に「非人間的な人間」について語るが、その際に「非人間的」は、道徳上の判断としてではなく、時代史的－診断学的な名言として理解されている。

・「文化」　この変化は結局は、本質的に制限されて誤った人間像によって規定されている、変化させられた文化理解において示される。人間を精神的なものから包括的に理解する人間像の代わりに、部分的な、個々の学問的な遠近法から導出された人間像が、丁度物質的－ダーウィン的世界像や心理学的で社会学的世界像のように踏み出してきている。これらの世界像の各々は、人間の制限された側面を捉えてはいるが、しかし人間そのものを捉えてはいないのである。

近世的直観を持つ人間は存在しない。近世的直観は絶えず、それへと属していない諸範疇へと人間を閉じ込めようとする。すなわち、機械学的、生物学的、心理学的、社会学的範疇へと。つまり、「自然」であり、また精神の自然としての本能であっても、人間から本質を作ろうとする根本的な意志のあらゆる変化での範疇へと。けれども人間が先ずそれであり、また無条件的にそれである唯一のものを近世的直観は見ないのである。すなわち、それ自体として実存する限られた人格である。たとい近世的直観がそれを欲しないとしても、人格自身の本質を否定するとしてもである。ものや他の人格との出会いの中で、神に呼びかけられている有限な人格を見ないのである。壮麗で、恐ろしい自由を持った人間は、世界を護ることも破壊することもでき、確かに自己主張して自己実現もできれば、自己放棄して自らを滅ぼすこともできる。そして、後者は、超人格的過程における必然的な要素としてではなく、何か本当に否定的なものとして、避けることもできれば全く無意味でもあるようなものである。

この文化的考察においてもまた、人間が権力と関係する場合に最高度の危害が生ずるが、特に近世的な人間が進歩のために、安全性や利用や福祉や生命力の回復のために、権力を増大させていく場合には、そう言える。個の危害は、権力の誤用の可能性が絶えず大きくなれば成る程、また権力を使う場合の効果的な品位《エートス》が発揮されていなければいない程、大きいのである。

それでヴァルディーニは、我々が数十年後にリヒターにおいて見出したのと同様の結果に、根本的に彼の時代に達していた。西洋の人間は、一方では中世的秩序構造から自由になっていたが、それは、西欧の人間が、段々と創造上の役割の中へと発展してきたからであり、また逆に言えば神の座に就いた限りでのことであった。他方、この出来事の一貫性の中で、西洋の人間が獲得した権力の座での人間は監督することができず、病気になってしまう。西洋の人間はその本質において自ら自身を失い、また、彼が自らの中の心を失ったが故に、もはやそれに集中することを理解しない多様な見解や遠近法へと分散してしまっている。この意味で、ハンス・ツェードルマイアの作品「中心の喪失」（一九四八）も、時代を診断する諸作品の中へ加えられることができる。

リヒターと同様に、ヴァルディーニも世界に対する人間の修正された挙動に対して躓くことで終わっている。リヒターでは、多様な見解や遠近法は次のような呼びかけとして述べられている。すなわち、適合させられたもの、腐敗させられた愛の自由、神への複合体《コンプレックス》の没落のための条件としての死の肯定、また無力と権力の間の度量の獲得、作ることと権力との思慮深い関係としての連帯性と正義のための処理としての同感への呼びかけとして、ヴァルディーニは、自身としては「真理を望む真剣さ」、新しい混沌の危機に立ち向かう用意、そしてその他には禁欲、諦念、正義と誤謬の区別、目的と手段の区別、節制を要求する。しかしながら、ヴァルディーニもリヒターも、描かれた文化圏内に、そうすることによって、留まっている。両者共に「近世の終わり」には個的な挙動を変えたり、改めることとでは十分ではなく、近世は必然的に両者の特徴的な輪郭で考えられようとしていることに、未だ気づいていない。換言すれば、「近世の終わり」と共に割り入ってくる新しい時代は、単に先行する時期の続行ではないということが明白にされなければならないということである。

2 「後期《ポスト》キリスト教的近代」

a 概念の選択

新しい時代の区分には多くの名前があったが、その中でも討議の中で何よりも先ず「後期近代《ポストモダーン》」が通過した。「後期キリスト教的近代」として新しく割り入ってきた時代は、これに対して、次のような強調点を持つべきである。すなわち、ヨーロッパの所謂近世の最初の数百年間は、本質的にはヨーロッパの思惟と、従ってまた――賛成するにしろ、あるいは拒否するにしろ――キリスト教的な思惟によって規定された時代であったが、二十世紀の後半期には段々と強さを増して、J・B・メツなどと共に「文化的に多中心的」と名づけ得られるような世界が明確になってくる。この新しい状況は、二つの要素によって本質的に刻印されている。

・「多元性」　人間や社会の生活の次元上で、我々は実存的に多元性に出会っている。つまり、多数の言語や思考法や利益社会形態や経済組織や政治的意見や、最近ではまた文化や宗教の多数性に。

・「独占要求の否定」　この事柄には、経済や政治、文化や宗教における限定された諸方向の単独支配に対する強力な抵抗が対応している。「キリスト教の絶対性の要求」として議論されることもまた、これに先ず属している。

「後期キリスト教的近代」は、この意味で次のことを意味している。すなわち、キリスト教が多層の多元論に直面して、積極的にであれ消極的にであれ、包括的な規範機関と見なされることを止めてしまった時代や世界に我々は生きており、それに代わっての——他の規範を与える諸機関と競争しながら——それらの中の一つとなってしまった時代と世界に生きている。これは、もう少し詳しく説明されなければならないであろう。

1　「後期キリスト教的な近代」は、新しい時期をヨーロッパ人の遠近法からヨーロッパ人のために規定している。この呼び名は、新しい状況に、先ず自らの歴史を見やって、習熟しているのでなければならない。次いで、宗教的には、この関連では、キリスト教が前面に出なければならない。特にヨーロッパではこれまで——積極的にも消極的にも——キリスト教は文化を支配してきた宗教であったのだから。この意味において、ヨーロッパ人は生命力としてのキリスト教をもはや認めないところにおいてすら、中心的な文化要素としてのキリスト教を当分の間通り過ぎていくことはできないということを忘れてはならないだろう。諸文化の競争の中で持ちこたえようと望む者は、それ故、キリスト教と少なくともヨーロッパの文化史の要素として関係せざるを得ない。

2　「キリスト教以後的」は、キリスト教が廃止されていることとか、キリスト教がその要求を失ってしまったとかいうことを意味はしない。けれども、受け取る人がすっかり変わってしまった。受け取るための準備は、未来においては環境的にも確保されていず、またキリスト教は——長い間には——社会的特権による支援を期待もできない。社会的な、国家と教会の間の距離は将来においては、先に述べた世俗化の過程の意味でむしろ増大するであろう。

だがその場合、新しい状況は、単に否定的に、過去に対する喪失という視点で見られてはならない。それよりはむしろ、どのような好機《チャンス》を変化した状況が含んでいるかが考えられなければならない。だがこれに加えて次のことが必要である。すなわち、キリスト教は自らの文化への、より詳しくは諸文化の多様性への、従ってまた他の諸宗教への関係を再考することが。第二ヴァチカン公会議で追加的に導入された事柄は、確実にまた勇敢に将来において続行され、先へと進められねばならないことが。

3　だが、新しい時代は自覚された上で——「後近代」という広く流布している用語に対立して——「近代」と名づけられる。私はヨーロッパ的に新しいこの時期を単純に「近世の終わり」あるいは「西洋の没落」として理解しない。私にとってはむしろ、——積極的な仕方でも否定的な仕方でも——我々の背後に存する近世の時期におけるヨーロッパの精神が「大地の末端」に至るまで、すなわち我らの惑星である地球の境界まで、実に、それらをも超えて突進したことが、重要である。だがこのヨーロッパでは、その後独自の仕方で行き進んでいる。ヨーロッパ独自の働きの歴史、ヨーロッパの合理性、ヨーロッパの思惟、またその挙動原理には、そのままヨーロッパは将来においても留まらざるを得ない。善き者は、更に続けて諸民族の協奏曲の中へと持ち込まれなければならない。

確かに、極めて相違している諸民族が、地上の最も小さい諸民族までが、この間にそれらすべての同一性の承認の上に成り立つに至っている。けれども、全地球上で「一つの」世界に生きているという意識が今日程強かった時代は決してなかった。だが、世界のこの同一性は、事実上ヨーロッパ的な征服上の輪郭の結果であり、従ってまたヨーロッパ的な影響の結果である。今日感知し得る、諸民族の同一性と多元性の間の緊張は、相変わらず最終的にはヨーロッパ抜きでは明らかにされ得ない。この緊張は、むしろ永続的にヨーロッパ的な精神の諸成果——肯定的にも否定的にも——と結び合わされている。「近代」は、この意味で、共同の歴史の祝福と呪詛に対する告白を示している。この告白は、常にそうであったような「後近代《ポストモダン》」への逃避によって負かされるべきではないであろう。

4　ここでは、最後に「キリスト教と近代」の連関が見落されてはならない。キリスト教は、ヨーロッパの近世の柱石に属しているという故にこそ、ヨーロッパが論評されるところで、キリスト教は衰微し、また同様に批判される。ヨーロッパのキリスト教はその結果、自らの仕方でヨーロッパの重荷と祝福とを共に担っている。

この状況は、ヨーロッパとキリスト教がもはや単純には一緒に考えられないところで初めて改まる。教会が真の世界教会へと変換する過程は、その過程の中で地方教会の諸形態と普遍的教会との同一性が健全な緊張の中で相共に共存する訳であり、また諸民族の文化的統一性をそれら民族にふさわしい場へと整える訳であるが、その過程は先のような方向への手がかりである。だが、この過程は、目的に対する徹底的な遠近法の変移なしでは進まないのである。

b　他国人の立場

デカルト以来の近世的人間の中心的な出発点と立場は、人間の自我であったが、世界の多中心性をめがけての解放では立場は徹底的に変化する。ある意味では、主体としての自我《エゴ》へのデカルト的な転換は、この転換から見れば、他国人が他国人として、ないしは他者は他者として、彼つまり他国人から、ないしは他者から考えるという誘発となる場での転換点に到達する訳である。

そうこうしているうちに、「われ思う、故にわれあり」（cogito ergo sum）の変形の歴史が書かれる。フランツ・バーダー（一七六五－一八四一）では既に「われ思う、故にわれあり」に対して「われは考えられる、故にわれあり」（cogitor ergo sum）と引用される。人間が神によって考えられているということ、従って人間の実存への受け入れは、人間の思考を包括している思考への比較的早期の思いである。

だが、自我中心的思惟の解消は、世界内的にも確証される。印象深いのは、ラテン・アメリカの神学者たちの諸例である。

・ブラジルのイエズス会士のジョアーオ・バティスタ・リバニオは――いわば近代的人間の自己収斂性の爆発において――「近代的自我」に対して、ラテン・アメリカ大陸上の大多数の「貧しい他者たち」を置くが、これらの大多数の貧しい他者たちは、最少数の現存者たちの中での周辺化した人たちとして屡々彼らの人間としての尊厳を軽視されて、町の隅に住み、そうしているうちに住み場所としての決まった地方区域を規定している。彼らによって、近代的人間は自ら自身を、ないしは常に固有の私を、限定された者と見たがっている。

・レオナルド・ボフは、彼としてはデカルトの決まり文句を、「われは征服す、故にわれあり」の意味で読む。これが妥当するところでは、自我は権力主体の表現となる。その結果、無力である人は、無主体的である。だが、権利、人権も、この権利の担い手である主体を必要とする。

私から離れて他者へと立場を転換することを表明する諸例は、増えている。これらの諸例には、犠牲者たちの主体性が訴求され、また彼らの立場へと展望が交替することが要求されるアウシュヴィッツの神学がある。また日本の哲学者の西谷啓治（一九〇〇－一九九〇）は、デカルトに次のように問いを投げかけている。すなわち、デカルトの自らの私への退却は本当に徹底的な疑いを示しているのか、あるいは、われは非我の中へと超越される必要がないのか、と。それから、他者は、優れて強力な力説を、ユダヤ人の哲学者エマヌエル・レヴィナスに見出すが、彼の哲学もまたアウシュヴィッツ哲学である。

ここでは、新しい思考を求めて努力する全例を枚挙することが重要なのではない。重要なのはただ、絶対的で抽象的な自我《エゴ》がその絶対性を次の程度において失っていることである。すなわち、西ヨーロッパ的人間の視点としての自我への信条が暴かれ、相対化される程度において。それと共に、自我は、明白に特殊化され得る。自我はその個別化から解かれる。自我は、他者から離れる。しかし、同時に他者たちの自我へと関係させられたままなのである。

だがこのことは、再び単に、諸個人相互の狭い領域に当て嵌まるのみならず、文化的な諸個人性に対しても当て嵌まる。未だどんな全く新たな視点も働き始めていないので、今日では少なくとも自らの文化の相対化が認められなければならない。おそくともラテン・アメリカでの、新しい省察以来、それからまたアウシュヴィッツ以後、我々ヨーロッパ人たちは、学習過程に生きている。この学習過程では、同時代人たちがもはや自明的に自らの私や自らの文化の不動の立脚地から出発するのではなくして、諸々の立場は原理的には不定であり、交換可能であることを認めることが重要である。事柄そのものは、次のことを考えれば、それ程新しいことではない。すなわち、あらゆる時代には、変え方の改めや改悛が、従って意識的に実現された立場があったことを。

倫理学的考察の下では支配する者から少数派や被支配者への、行為者の地位から犠牲者への立場は、本質的な立場の転換に属する。キリスト教神学の根本主題は――もし全員が全員欺いていないとすれば、しかし、現在ではなお広く気づかれてはいないが――神であるが、神は犠牲者たちの側で働いてきた。ここではもう一度ラテン・アメリカの連関で、明白な次のような記憶がある。つまり、既に十七世紀の始めにペルーの中・南米インディアン（インディオ）が――賞讃者である貧しいインディオが――悩めるキリストの内で――貧しいイエス・キリストの内で――再認識した記憶が。

それと共に、神学的には主体の自我《エゴ》は、自我が既に見える時には、人間になった神の子であるナザレのイエスを正に見ることによって、もはや支配主体の姿では見られなく、公訴をする対象とか、言葉のそのままの意味での問い合わせの対象として見られる。すなわち、挑戦や要求の対象として見られる。これらすべては、勿論、相互の側の根底で生起しなければならない。というのも、一人の人間に当て嵌まることは、逆に他の人にも妥当しなければならないからである。他者の立場から考え、また行動する努力が現れるところでは、このことは、他者を公平に扱い、他者と和解して協働する空間を与え、これらすべてを相互に自らもまた経験することを意味する。この空間では、新しい理想郷が成り立つ。

c　関心と対話

新し相互性は、修練の多くの小さな歩み必要とする。その歩みのうちの二、三をここで挙げてみよう。

・「自己解釈と他者解釈」　相互性は、相対する知解を包含している。人間の諸能力には、諸物や諸人格自らの立場からだけではなく、見知らぬ人の立場から見て判断できるということもある。我々は人間として、自らの言語で表現する機会を持っているが、また諸外国語を学ぶ機会をも持っている。従って、我々自身の立場から我々自身の視野を特に洗練して広げることだけでは満足しないことを、我々の時代は要求している。というのも、我々は、むしろ意識して見知らぬ人から見ることを学ばねばならないからである。

ピート・スコーネンベルクはこの連関で、自己解釈と他者解釈について語ってきている。彼はそれを、誠実さのために、更にまた愛の首尾一貫性としても、要求している。誠実さは、我々が常に理想を理想と比べ、現実性を現実性と比較し、自らの判断規範を正義が実現するために働かせてみることを恐れないことを要求する。だが、愛は、我々が文化的不遜から他者に力を加えないように要求する。しかし、このことは、あらゆる方面で学ぶ用意がある時にのみ通用する。

次いで、先で述べた過程を行ったり来たりする中で、例えば、種々の宗教の代表者たちによって相互に説明される諸々の視点や洞察方向の多側面的複合体が生じる。すなわち、ある人々は、彼らが彼ら自身を見たいように、また見られたいように見られるが、また彼らが見知らぬ人や彼らには見知らぬ者を見るように見られる。同じことが、逆にも妥当する。他の人たちは、固有の立場から見られ、判断される。だが、眼力は相互的である歴史的場にも、諸宗教に共に立ち向かう諸課題にも、また各宗教が自ら自身に対して持つ諸可能性にも及ぶ。逆に、同時代の人々の諸宗教がどのように、つまりそれらの批判と希望、失望と期待で評価されるかが洞察される。諸観点の網《ネット》が成り立つ訳である。

・**「間《あいだ》の意味」**　諸々の相互性は「間」に特別な重みを与える。「間」（inter）は、「……の間に」（dazwischen）と同様の意味である。「関心」（Interesse）は、根源的には「その間に在ること、その場に居合わせること」を意味し、根底においては、多数のものや人格や可能性などを前提としている。「関心」が直ちに「自らの関心を利己的に要求することと屡々理解されがちである。だが、「関心」の中で自らの自我《エゴ》が広がるところでは、無我である「間」の真の行為は失われる。

しかしながら、「間」は今日、至るところにある。我々は、「諸国家の間的（＝国際的、international）、諸文化の間的」（＝文化間的、interkulturell）、「諸宗教の間的」（＝宗教間的、interreligious）に生きている。「間」が常に問題であるところでは、異なった立場が可視的となり、多元性が示される。従って、相互の関係のうちで関心の様々な様式が吟味されるべきである。今日の時代区分は、主体なき時代ではなくして、むしろ主体忘却の時代である。正にそれ故に今日では、極めて相違した主体の在り方が頭を擡げてきて、主体として認められるようにと押し入ってくる。この帰結は、「間主観性」の新しい諸形式を得ようとする努力である。

・**「対話」**　新しい間主観性を最も流布した名は、「対話」である。対話からもっと詳しく語られるべきであろう。「対話」は、いずれにせよ段々と、新しい時代の要求の特徴となってきている。対話には次の三つの要素が一緒になっているのが見出される。すなわち、対話の相手《パートナー》としての自らの主体と、一人ないし幾多の見知らぬ主体、それから関心であるが、もっと詳しく言うと、ここでは二人あるいはすべての参加者の側が関心を持っている事柄である。後期キリスト教における生活は、本質的に相互的であることの新しい諸形態における修練である。

第二章で確認されたこと

1、近世のヨーロッパの思惟、従ってまた長い間圧倒的であったヨーロッパのキリスト教は終わっていない。けれどもそのキリスト教の位置の評価は、多数の国家的、文化的そして宗教的な主体を視野に入れる世界中に広がった議論の中で変化している。

2、世界は今日、多元性と単一性との間の格闘によって特徴づけられている。人類の多くの民族やグループでは、同一性やそれらの実現のための空間を求める努力に向かっての強烈な探求がある。だが、同時にそれと共に、一つの世界における様々な民族や文化や宗教の間での平和に満ちた統一への要求が競合している。

3、多くの外国人たちや相互に見知らぬ人々の寄り合いが、対話や連帯性においての、交際の新しい形態を求め、また相互に知り合うための効果的な諸努力や仲間を求め、呼びかけている。関心と対話は、それと共に考えられた諸努力を認知している。

4、「諸宗教の対話」は、この時代に諸宗教が実行し得る貢献を示している。現代の諸宗教は、新しい時期においても、それらの使信が大きな人類の問いに答えを与えて、人間を仲介することに成功する程度において一つの場を持っている。その点で、キリスト教は他の諸宗教から区別される。

すぐ次の歩みとしては、我々の日々における宗教的展望への洞察が生じる。だが、この展望は、世界の自ら自身、自らの宗教や宗教性を知っていて、それらに対応して生きている限り、自ら自身の内にも存在している。どちらにしても、諸宗教間の競争関係へと常に到る。

第三章　宗教的地図

「諸宗教の出会い」

一九六五年十月二十八日に、圧倒的な多数の参加者で、第二ヴァチカン公会議は、キリスト教ではない諸宗教に対する教会の関係について宣言の最初の語句に従って「**Nostra**《ノストラ》 **aetate**《エターテ》」という名を持つ声明を可決した。この会議の時には未だ問題の告示のようにしか見えざるを得なかったことが、この間にキリスト教神学では中心的な論題提出となった。長い間宗教なき世俗化された世界が論争の中心点にあったところにおいてすら、諸宗教や諸世界観の多元性に携わることは、もはや進められることができない。

新しい調整の中心概念は、この間にインフレーション的な仕方で使われる「対話」という言葉となった。だがこの概念は、次の二、三のことが初めから明らかにされない場合には、その本気さを失う。

1　「対話」は、人間相互の間で生じるが、決して諸組織間では生じない。「諸宗教の対話」は、ふさわしい仕方でより厳密に規定されなければならない。すなわち、諸宗教の重要な代表者たちの間での公式の議論が問題なのか、あるいは、単に様々な宗教に所属している人たちの間での話し合いが問題か。このような話し合いのテーマは宗教的でなければならないのか、それとも様々な出所の人たちは、そのような種々の背景についての知識が十分であるのか。その上、他の諸宗教と単純に関わり合うことが「諸宗教の対話」と説明される場合には、そのような対話は全く不適当である。

2　「対話」は、真正の相手役を前提し、単に偶然の出会いのみなのではない。確かに、今日では毎日、相違した諸宗教の出所の人々が行き違う。だが、彼らは本当にお互いに対話を始めたいのだろうか。それとも、時々生じるように、彼らはむしろ対話したくないのか。色々な出会いは不可避的である。だが、対話は相互に議論への準備を前提する。活動的な諸々の出会いは対話の前提となるので、私は、先ず「諸宗教の出会い」について語ることを選ぶことにする。成る程、真の対話は存在するが、宗教の事柄における仲間的な自由な出会いは、相変わらず稀である。それからまた、我々が、「諸宗教の対話」と名づけるものの質にも注意が払われるべきである。回教の寺院やお寺のための地所あるいは建設許可をめぐっての都市管理との討議のすべてが宗教対話である訳ではない。

3　見知らぬ人との本気の対話の前提には、一宗教の内部での誠実で真剣な対話がある。第二ヴァチカン公会議以後の教会は高い程度で、教会内部での対決によって刻印されているが、この対決は、一方では驚かし、反撥するが、他方ではまた、共にあることの新しい姿を求めての真の努力として評価されなければならない。この意味において、兄弟姉妹であること、同僚のよしみ、同意の発見、共に語ることやこれに類するものが問題である。けれどもその場合、次のことが見過ごされてはならない。すなわち、キリスト教において程、対話的なものをめぐって真剣に戦われる地上の宗教はないということが。いずれにせよ私は、反対の証明に対しても、次の主張をしたい。すなわち、キリスト教は先ずその神学的前提——三位一体の神理解と受肉信仰——を基礎として、諸宗教の対話のために力強く努力しているという主張を。

だが、対話は自らの立場と、知識を得る努力と、縁遠い立場を理解することを前提としている。今日要求されるべき対話への準備の意味で、我々は「宗教の地図」というスローガンの下に教導点を探している。我々はもう一度宗教の理解を問い、その次にこの宗教理解が味わえる諸宗教を問い、最後に、人間を「癒し難く宗教的」であらしめる、人間の生活における永続的な諸萌芽を問う。

1　もう一度「宗教」

a　「神なき」宗教

「宗教」の理解への第一の接近を、我々は、「宗教」と「宗教性」を相互から区別したところで試みた。その場合に我々は、大いなる自明性をもって、「神」と「神関係」を洞察して「宗教」を定義した。この箇所においては、今日ではある拡大理解が必要であると思われる。というのも、キリスト教神学が宗教について神との結合で語ってきた自明性は、少なくともNostra《ノストラ》 aetate《エターテ》の中で大きな止揚もないまま仏教が大いなる諸宗教の中へと加え入れられて以来、新たに熟慮されるべきであるからだ。仏教は、神に関係づけられた、ないしは神々に関係づけられたヒンズー教とは反対に、あらゆる神結合を超えて徹底的な自由の道を追求する運動と名づけられ得るが、仏教が偉大な宗教に加え入れられることが生じたのである。この意味において、この運動は、「無神論的な」運動として現れる。

　勿論、仏教のいわゆる「無神論」は、早まって西洋の無神論と同一視されてはならない。印象深くも日本の哲学者である久松真一（一八八九－一九八〇）は、次のように教示した。すなわち、西洋の神中心性からの転向は、決して必然的に西洋的な人間中心主義へと通じていくのではなく、仏教的な刻印である自律は、むしろ西洋的人間中心性からは区別されるべきであると（再販本には更に詳しい説明がある）。

b　三回目の「宗教」

マクス・ゼクラーは、宗教の今日的解釈モデルの区別された分析で、宗教を以下のように本質的な三つの姿に分けている。A、神に関係させられた態度という、どちらかと言えば伝統的モデルに、B、「神」という言葉をむしろ避けている、開放的な超越の態度のモデルに、C、人間に連関したモデルに属するが、このCのモデルは宗教が人間やその意味実現の問いへと還元されている人道主義的－無神論的宗教理論に見出され、機能的な社会に方向づけられた宗教理論にも同様に見出されるのである。そして、人道主義的－無神論的理論においては、宗教は、人間や人間の意味実現の問いへと還元されている。これら三組のモデルは先ず、西洋にとって古典的な宗教理解の諸要素がどのように崩壊し、そして独立することができるかを示し、それからまた、どのように極端に宗教の本質が失われていくかを示している。

・このことは人間学的な媒介が如何なる意味も承認されない場合の「伝統的モデル」に妥当する。先ずゆっくりと、福音主義的神学は、キリスト教から宗教の性格を奪うことを試みた弁証法神学の宗教批判的諸構想から決定的に離れる。その他の点では、このモデルは正しい。宗教的告知においてもはや「私の、我々の事柄が重要であること」が明白とならないところでは、人間は自らの「癒《いや》し」を何処か他のところで探す。

・第二の「超越性の探求のモデル」は、ある両義性に留まっており、特に宗教が何処へ向かっていくかは、このモデルでは不明瞭である。このモデルは、包括的な救いの地平へと同時にその地平の比較的大きな解明へと導くことができる。決定的であるのは、このモデルでは出発点である。すなわち、人間は人格的な神への信仰から進むのか、それとも人間はそのような神を探しているのか。このモデルは、ふさわしくも、その分節していない開放性の故に、希望も批判的疑いをも表すことができる。このモデルはその未決定性において、今日の同時代の人々の間では最も効果的なモデルである。

・第三の「人道主義的－無神論的モデル」Cは、それ自身としては第二のモデルで認められる反対感情併存から自由ではない。このCのモデルは、先ず西欧世界から定式化されているが、このモデルはその西欧世界では先ず、新宗教の諸々の集団化の網状組織の中で見出され得るが、これらの集団では、人道主義的で、最近ではまた生態学的な「宗教」という諸付加物で、その具体的な転換が経験されている。これらの付加物は、我々のところでは常にキリスト教の（受胎）告知の欠損をも目立たせている。この意味においてその場合、宗教理解の強力な浅薄化は、見渡しきれない。意味と救い、全体性、修練性と同一性への包括的探求は、段々と局所的な部分的目的へと消え去っていく。けれども、このモデルが他の国々や文化諸領域に転用されると、宗教的挙動自体のこの形態は、再び包括的な癒しのための第一段階、前兆そして案内者となる。

それと共に、次のような中間的成果が生じる。すなわち、A－B－Cの順序はAからCへと同時にCからAへと二重の仕方で読まれることができる。Cの後にくるAはむしろ宗教理解の希薄化を強調する。これは我々の世界では表面的に妥当する。Aの後のCは少なくとも、増大していく同一性を伴った探求の過程を目立たせる。というのも、この探求過程は、キリスト教外の影響領域で推測されたがるからである。その場合には、反対の感情が併存していることは、永続的な好機《チャンス》でもある。

C 「宗教は肯定《イエス》、神は否定《ノー》」

我々自身の世界に対してJ・B・メッツは、先述の展開を新しいスローガン「宗教－肯定、神－否定」と特徴づけて、次のように書き換えて語っている。

我々の現代の状況においては、教会と利益社会によってよじれて、固有の現象が、つまり燻る神にまつわる倦怠と組み合わされた、高められた宗教への喜びが、祈りの文化が同時的に荒廃している場合の瞑想が普及しているのである。幾年か前に、かつて、イエスは肯定、教会は否定と言われたが、今日では、宗教は肯定、神は否定という内容の標語があるように思われる。超越性のないこの新しい宗教を、心理学的－美学的な魂を魅惑するこの宗教を、我々のマスメディアの世界での一種の代償現象として描くことは、思うに、困難ではないであろう。けれども私にはそれは重要ではない。私はむしろ、次のように問う。今日、神の問題は何なのか、祈りでは何が生じたのか。というのも、祈りは今日、教会の場所においてすら全く遠のいてしまっているので、と。

宗教の問いを立てる者は、近世の強力な人間中心が宗教への関心を本質的に変えてしまったことを知らなければならない。前景には今日では、実践的関心や、宗教が個人や利益社会の具体的生活で実行する機能や、宗教が個人や社会のために遂行する成果はあるが、根源的使信や霊感はない。いずれにせよ、宗教の効率は、個々の宗教の真理要求よりは多く問われている。このことは、それと共に次のことを生ぜしめる。すなわち、諸宗教そのものが、そこから各人が自ら自身にとって善であり、利用価値があると思われるものを取り出す石切り場のように、現れるということを。そして、そこから、私的な宗教性が、最終的には多層の要素からなる極めて相違した諸宗教の集団として現れるということを。宗教社会学者のペーター・ベルガーはこの状態を既に数年前に「異端への強制」と表現した。というのも、人々は選択して決めざるを得ないからである。

2　宗教的石切り場

a　普遍的救いの諸宗教

「ノストラ・エターテ」は、その成果において、我々の時代まで生き生きとして、活動的な四つの宗教を洞察するように導く。つまり、キリスト教の直接的範囲内での二宗教、すなわちユダヤ教と回教、そしてキリスト教にとっては異郷であるアジアの世界での二宗教、すなわちヒンズー教と仏教を。これらとすべての宗教に共通の事柄は、人々はこれらの宗教から「人間の現存在の解かれていない謎への解答」(第一条) を期待していることである。

人間とは何であるか。我々の生活と目的は何であるか。善とは何か、罪とは何か。悩みは何処から来るか。そして悩みはどんな意味を持っているのか。真の幸福への道は何であるか。死、死後の審判や報復とは何であるか。そして、最後に、我々の実存の、表現し得ないところの、そこから我々が来て、またそこへと行く、その奥義とは何であるか。

宗教理解の出発点は、公会議の宣言では、右のような根本的問いを持っている人間である。これらの問いは、あらゆる時代にあらゆるところで立てられることが前提される。従って、我々にはまた次のように定式化できる。すなわち、諸宗教からは、全人類をあらゆる時代に包括する救いへの問いに対する答えが期待される、と。

確かに問いは、近世的な人々から立てられている。この事実の確認は、すぐにはこの評価の相対化として認められてはおらず、次のことを思い出させるのである。すなわち、別の評価の視点もまた可能のままであるということを。キリスト教は自ら自身をその救いの理解において、それが普遍的な救いの告知であると理解しているので、諸宗教はそれ自身としては先ず、この尺度で測られる。この事実は再び、先ず諸宗教に、世界に普遍的救いが述べられるようにとの注意が向けられるという結果となる。

それと共に、キリスト教のように世界宗教として姿を現すかの諸宗教は、再質問の中で、第一の地位に立っている。このことは、キリスト教の後では回教に当て嵌まり、アジアの領域では仏教に当て嵌まる。キリスト教と仏教の直接的な近隣関係にある他の二つの宗教は、同様に世界宗教の形態への途上にあると見られよう。

公会議の始めに当たって二つの要素が視野にあまり入ってこない。一つは普遍的な救済の神への問いであり、次いで、普遍的な破滅の地平でこの破滅の信号となり得るけれども、自ら自身にとっては現実的で偏った破滅として、開放と治癒に向かって叫ぶすべてのかの経験への問いが視野に入ってこない。不安と病気、戦争や戦い、侮辱と邪道、飢えと咎なき苦悩がそれらに属し、また死と咎の彼方での包括的救いを求めての叫びを弄ばれるような多くの他の苦悩がそれらに属する。

地方的な宗教性の形態、伝統的種族宗教、民族的宗教性がヴァチカン公会議の宣言で話題になっていないことが、今日注意を引く。恐らく、見知らぬ者が注意を引くところで初めて次第に声なき人々は再び声を得ることになるであろう。

b　書物宗教

ところで、ノストラ・エターテで挙げられた四つの宗教は、なお別の仕方で、結合されているが、これは非常に僅かにしか考えられていない。これらすべての四つの宗教は、書物宗教である。これすなわち、それらの根源的な、後世への使信、聖なる書物の中に含まれている宗教である。これが意味していることを、完全に理解するのは、媒介物が予め知られていなかった活動を得た時代に初めてとなる。

既に印刷術の発明は、文書が以前には知られていなかった仕方で普及され得たという意味で、革命を意味した。ルターの聖書翻訳は、それがドイツ語でなされたが故に非常に重要であったのではなく――ドイツ語の聖書翻訳類はそれ以前にも既にあった――。そうではなくて、ルターの聖書翻訳は歴史的には何よりも先ず、それがドイツ語聖書の最初の全集版として一五三四年に活字印刷で出版されたが故に非常に意味があったのである。それからこの単純なドイツ民族が読解する民族へと成熟した段階において、この単純なドイツ民族はその後、教会の壁や窓の純粋絵入り聖書へと差し向けられることもなかったし、説教者の解釈へと向けられることもなかった。というのも、このドイツ民族はむしろ、自分で聖書を読み、そして非常に長い間段々とこの宗教の源泉を自主的に習得する状態にあったからである。

この革命の重要性は、今日の人々にとっては次のようなところで明確となる。すなわち、発展途上の国々などや、ラテン・アメリカで無学の人が克服され、人々がその後自分で読み書きし、読まれたものと関係することを学び、このことが一般的にだけではなく、宗教的な領域でもまた当て嵌まるところで。ラテン・アメリカの貧しい人々にとっては、この経験はどんなに高値をつけてもつけきれない程の解放であった。

宗教の源泉の書との個人的な関係は、聖書の元々の言語から今日の日常語への翻訳の可能性と同様、全く具体的に特定の諸宗教から「世界宗教」とならしめるあの根本的な出来事となる。だが、宗教の書物の特徴がそのような広範囲の影響を与える時には、この水準に対応しないものの多くは、忘却と無視へと衰微することは明白である。これに対応して、書物のない諸宗教は、民族宗教の宗教性の書物のない形態と同様、長い間啓発された利益社会の中ではむしろ軽視された。この連関では、次のこともまた注目されるべきである。すなわち、ドイツの新教《プロテスタント》は、啓蒙的な思考の影響の下でひどく知的な姿をした、高程度での言葉中心的な宗教へと展開したことも。準秘跡や具象的なものは、奥深い話、比喩的なものや類比的なもの、また賛美的なものや神話的なもの、神賞讃の言語による定式と同様に、土台においてなくなった。だから、言われなかったことや言い得ないこと、把握できないことや奥義に満ちたこと、控えめなことや沈黙の意味は死滅せざるを得なかった。

このような有利な条件の結果、宗教史的な比較においてもまた、書物宗教は優位を得た。特に書物宗教は、その社会的－組織的形態においてもまた書物文化と共により強力に強調され刻印されているからである。生きている諸宗教の研究の主要対象は、それ故長い間第二ヴァチカン公会議宣言の「ノストラ・エターテ」の中で語られた諸宗教であった。それから、中国の普遍的諸宗教である道教と儒教は、この会議では、思うに政治的根拠から挙げられないままであったが、それに最後に日本の神道も未だ語られないままである。これらには、もしそれらが開かれるならば、地中海の、あるいは中央アメリカの領域の衰滅した若干の諸宗教も加えられ得る。

c　伝統的諸宗教

しかしながら、書物のない諸宗教はそれらの側で死滅した訳では決してない。やっとゆっくりではあるが、今日「新宗教の諸運動」として現れてきているものの多くが永続を期して隠れたものの中で生き続けている伝統的な諸宗教へと退却していることが、同時代人たちに知られてきている。

印象深い形象をこの点でもまた、ラテン・アメリカが示している。ラテン・アメリカの神学は、最近の数十年間は単純なドイツ民族へと繰り返し眼差《まなざし》を向けてきている。すなわち、この単純なドイツ民族は、貧しいが、しかしまた敬虔である。だが、敬虔なのは、単に西洋のキリスト教の伝授されてきた形式においてだけではなく、アフリカや自らの過去から与えられてきた伝統的な諸宗教への誠実さにおいても敬虔なのである。これに対応して、インドｰアメリカやアフリカｰアメリカの伝統の研究が、そこで今日恐らく、欧米の伝統の研究よりも一層大きな役割を演じている。いずれにせよ、社会へと方向づけられたラテン・アメリカの解放神学はもっともな諸根拠を持って既に久しく民族に根を下ろした敬虔においても、また諸宗派の影響並びに再び立ち上がったインドｰアフリカの諸宗教、ブラジルでは例えばマクンバないしウンバンダに関心を持っている。

我々が今日また世界の別の部分での民族の敬虔さの多層の仕方に注意を払う時にも、その帰結として正しいのである。日本は数十年来ありがたい研究領域である。韓国、台湾、インド、ポリネシア諸島あるいはアフリカ大陸も、ごく最近まで至るところで、世界宗教の水準以下での宗教形成に到っている。ヨーロッパは、この点ではむしろ貧しいと言われうるのであり、輸入で生きている。

この連関で、宗教性の言葉を使わない形態は、新しい地位を得る。すなわち、聖餐式の象徴、外的なものや内的なものにおける比喩的なもの、礼拝の挙動、祝祭や儀式、非–論証的文学形式、けれどもまた、陳述ではないコミュニケーションの場としての身体性、踊り、仮面遊戯また多くの他のものが。正にこの考慮の下で、そうしているうちに書物のない諸宗教が、前には知られていなかった注意を引きつけている。

更に次のことが加わってくる。すなわち、経験されたことがすぐには永続的に後世に残されないところでは、経験の直接性は、新しい仕方で要求されている。だがその場合、所謂客観的に観察する者は意外にも、根源的な宗教的活動性の結果へと自らが引き入れられているのを見出すことも稀ではない。宗教の誘因と根源は、再び一層直接的に理解できる。それと共に次のことがまた連関しているかもしれない。すなわち、「神の証明」をめぐっての努力の長い時代の後、いずれにしてもそれは神への問いとの論証的関係の努力であったが、完全に無防備な仕方で今日、「神経験」とが神学的議論においてすら語られ、そして神学は神経験への道について新たに熟慮して神経験を聞くという課題の前に立っている自分を見出すのである。宗教の問いにおける資格は、いずれにせよ速やかに論証的な神学から霊的な経験へ、そして霊的な経験から秘教へと移っていく。

3 未解決の諸問題、口の開いた傷

a 質問する本質

ミュンヒェンの社会学者クルト・ヴァイスは最近彼の神学の神の像を問われて次のように答えた。

自ら自身の神の像は、個人的な性的体験と具体的な口座状態とに並んで、我々の利益社会では語られず、また殆どの人々が問われたくない、三つのテーマに属する、と。

一目見た時には驚くこの確証には、思うに多くの同時代の人々は賛成するであろう。だが、この考えには、人々はそれにも関わらずこれらの三つの事柄を問われ、また自らもそれらを問うという観察に矛盾しない、先に挙げた三つの問いが実際に重荷である人ですら、人間は非常に多くの問いに満ちていて、人間が質問する本質として正当にも規定されることを認めるであろう。デカルトの命題を転換して「われ問う、故にわれあり」とさえ表現され得よう。

このことは、あらゆる時代には個の明白さで見られなかったかもしれない。人間はその根源においてはむしろ驚く本質と思われた時代もあった。人間は常に探求する存在であった。心配する存在であった時代も屢々あった。絵画類や彫刻類における以前の発掘物は人間を、目あるいは耳を本質とした存在として、逃亡する者として、危険に耐える格闘する者として、彼/彼女自らの力強さを知っており、愛し、かつ創造力に富む者として示している。一層詳しく考えると、そこからは次のことが随伴してくる。すなわち、人間は本質的に、——防衛的ないし活動的に——自分よりは偉大で幅広いものとの関係に置かれていることを理解し、いずれにせよそのものから自らを区別することが。我々はこの敬虔さを今日では、「非-我」（Nicht-Ich）の経験とも、あるいはともかく「非-同一性」（Nicht-Identitaet）の経験とも名づけ得る。人間は、この経験を自覚するところでは、不安全を経験する。この不安全さは、彼／彼女が母親の傍らや家族の中や、それからまた人間的な共同社会（Gemeinschaft）の中、世界の中で庇護されていることを知っていて、心を打ち明けることができる限りでは恐らく自覚されないであろう。安全と不安全のこの網状の中に、我々が「宗教」と名づけるかの根源的関係はその元来の場所を持っている。

このことは、たとい我々が宗教の根源を歴史的に殆ど何も知らないと白状しなければならないとしても、妥当するのである。この意味において、宗教の根源は、事実上歴史的にもはや到達し得ない過去のうちで消失する。だが、このことは人間が、各時代に新たに自らの難問の中で、従って、自らの道探しの中で、また自らの不安全の中で歩むべき生活の道を経験し、従って、彼／彼女が問う存在であることを知ることを妨げはしないのである。

b　三つの教導

道を探す状況では我々には、根本的に三つの教導が残っている。

・「秩序へ向けて」　今日広げられているあらゆる不満、消極性、懐疑そして批判に関わらず、我々に部分的に前もって与えられており、ある部分は我々によって整えられ、ある部分は我々によってもまた回復されることのできる諸秩序の中で我々は生きるという事実は成り立ち続けている。その際に、我々がむしろ宇宙論的に、あるいは人間学的に、存在論的にあるいは倫理的に諸秩序を規定しているかどうかは、先ずはどうでもよいことである。所与への反省も秩序の回復への叫び声も、いずれにせよ、人々の力強さを包括し、克服する力の要素を指し示す。これに対応して、諸宗教では通例、我々がむしろ漠然と「戒律」という何ものかが中心的な場所を受け入れる。すなわち、インドでは法《ダルマ》が、中国的なものでは道《タオ》が、ユダヤ教的なものとキリスト教的なものにおいては律法《トーラー》が、ギリシア的なものそしてそれから西洋では伝統における理法《ロゴス》が。

秩序への問いは、真理と意味が、救いと幸福が、何処からと何処へが問われる時には、その背景にも存している。経験された誠実さと正直の、愛と正義の、同感と連帯性の日々の諸敬虔は、寛大さ、許し、そして敵を愛することに至るまで、次のようなもっと大きな信頼への契機となる。すなわち、結局は確かにすべての出来事には好意的な秩序の規則が基礎となって存しているという信頼への。

この秩序の規則が、一方では日々の人間の生活の偶然的経験において近づき得るものとなる限り、だが他方では所与として最終的に人間の処理からは遠ざかり、またその際に無条件的なものとして証明される限り、西洋の思惟空間では、人格的な理解が法律へと適用される。換言すれば、西洋の人格概念の積極性は一切の人間であることを包括するものを否認するのではなく、ただなおこの包括するものを凌駕するが、低く評価され得ないので、我々のところでは依然として含蓄のある仕方で「人格的な神」が話題にされている。

・「中断」　人間生活における永続的な意味経験については——既述のように——生活や世界の否定的評価があらゆる時代に強力であったし、我々の時代ではむしろなお増加しただけもっと多く話題とならざるを得ない。諸宗教で関係している世界評価の総和では、世界状況は常に、否定的、無秩序的、不正、不浄、痛ましさ、不信心、誤った意識を持っていると規定されている。従って、抵抗するに足ると規定されている。だが、そのような状況は、了解へと招くのではなく、「現実性全体の状態の了解を拒否することへ」（H・R・シュレッテ）と誘う。従ってJ・B・メッによれば、「宗教の最も短い定義は、中断」という内容である。人間生活や多くの局面のある苦悩の歴史の難問に直面しての宗教理解を得ようと努力する熟慮は、言うまでもなく自らのために、次のことを要求する。すなわち、そのような熟慮は、もっと明白に、無神論的－人道主義的－科学主義信奉者的刻印の宗教批判の関心事を考慮することを。

「小さな形而上学」という表題の注目に値する小さな本で、ローベルト・シュレッテは、すべてに反抗してそれでもなお改めて、人類の歴史における、カントによって考えられた三つの根本的理念である神、自由、不死性を結びつけた。人々がそれに巻き込まれる、明らかに収拾し難い諸々の問いへの迷路にも関わらず、つまり人々があらゆる時代に悩んできた一切の傷にも関わらず、シュレッテは「神」を役立たせようとする。何が神に残っているのか。

シュレッテに従えば、残っているものとは「隠蔽性」である。勿論この「隠蔽性」は、「神の隠蔽性」を意味していない。

神が存在するかどうかは、しかしながら我々には隠されていて、その限りでは神は不在である。それどころか、「神」がそもそも「存在する」かどうかは考察することにおいては隠され、隠れたままである。従って小さな形而上学は、次のことを是認する。すなわち、一方では伝統を基礎として、他方では無常性とニヒリズムとの二者選択に対する人間の多層的な要求や必要から、立てられることのできる問題がここにあることを。だが、あらゆる哲学的な尽力から見て、これに関しては肯定的にもあるいは否定的にもある解明に到ることは、単にその徒労を示す。この結果は、「実存的な」、我々を個人的に当惑《アポリア》へと後退させ、徹底的に痛みを持って経験する「不可知論」あるいは正しく理解された「神の隠蔽性」である。

シュレッテは、別様に定式化して次のような結論に到っている。

大いなる形而上学の古い神への問いは、かくして変形を遂げたのである。この変形は、小さな形而上学においては「単に」未だ「何故」という問いの姿においてのみ現存している。

人間が原則的で包括的な問いである「何故」を未だ認めるところでは、だが、メッツに従えば宗教が貢献し、また貢献することのできる中断が生起する。しかしながら、この問いは、それ自身をもう一度多くの仕方で自らを具体化することができる。この問いは、純粋の無知を具体化できる。だが先ず、この問いは呼びかけ、叫んでいる苦情でもあり得、また無言の不平でもあり得る。

この問いは、相変わらず答えを持つ問いでもあり得るし、あるいは初めからどんな問いをも拒み、閉め出す問いでもあり得る。この問いは、問うている者をこの問いの中へと引き入れて、かくしてそれ自身を解放し、可能な新しい関係と連関を認める。だが、この問いは、また次のようにも立てられ得る。すなわち、ひそかに自己自身への退却が既に最終的徹底さで実現されていて、新しい関係や答えが全く不可能であるというようにも。

・「聞くこと」　カール・ラーナーはその初期の著作類の中で、人間を「言葉を聞く者」と名づけた。確かに聞くことは、見ることよりはずっと多く、人格間の交わりの根本的な構成要素である。「質問する存在」としての人間の特徴とは対立して、ラーナーの定式は、次のことを強調する。すなわち、人間は本質的に「受け取りと贈与」、「受動的出来事と活動的行為」の順序で自己実現し、すなわちこの順序は、人間の生活の前進の中でその妥当性を失わないということを。「耳を傾けて聞く」ことと「中断」という標語の下でよりは一層明白に、人間はここでは、最終的基底者であり、またそうありたいと望む状態に移されていることを理解する。

人々が、他者の立場から具体的に見、かつ理解しなければならないということに対しての新しい鋭い感受性を発展させる時代においては、一切を単独者の自律で調整したいとする原則的な立場もまた、最終的には失敗していると認められるであろう。また真の「改宗」のうちで変化するのである。すなわち、正に、新しい展望の獲得が人々を新しい仕方で、学ぶ準備をさせ、また聞く準備をさせる。

さて、あらゆる宗教について言えるが、宗教は常に「道」の性格を持っている。だが、道は、常に新しい瞥見、「自由な空間」そして「自由な時間」を発見させる。これらにおいては、同時に「考えを改める」可能性が開かれ、従って「方向転換」、「考え方を改める」（ギリシア語の**metanoia**、改宗）ことを修練し、実行する可能性が開かれる。だが、考え方を改める仕方は、自らの考え方へと退くことではなく、歴史の外で歴史へ向けて現れる可能性を見回し、歴史に認められる答えを開くことである。

だが、その場合、これまで試みられてきた宗教に対する案内、すなわち、無条件的秩序を伴った承諾への要求も、同様にまた事実上の世界状態に対する抵抗への力も、本質的に諸宗教の歴史によって規定されているのが、歴史的事実である。様々な定式化において諸宗教自身は常に、神的なものの要求として、道を知らすものとして、包括的救いの許しとして、苦悩の拘禁として、自由と法悦への道として、人間がその場合対応しなければならない神の共同社会などとして、自らを示してきた。それらは、真の本質を実現し、消極性ないし悪の超克を促進する案内である。

宗教は、従って内面性への退却においてではなくして、自己自身から、自覚的に「抜け出すこと」において、『全くの－他者』への方向転換することにおいて、またすべての被造物との連帯性の中で実現される。その場合には勿論次の問いは残っている。すなわち、――キリスト教的に言うと――世界関係の具体的な実現がどの程度神の像に依存しているかという問いが。この場合、神の像は、人間に贈られている神の像を意味しているが、――この無条件的なものとしての神の像は、最後的には単に過激化した否定性の中で絶対無として、あるいは「空」、否定神学において名もなく、生ずるのであれ、あるいは、ある人間に向けられた顔をして、名もあり、語りかけ得る、そして道案内ともなるのであれ、兎に角人間に贈り物として与えられている。

ここで最後のことが語り加えられねばならない。すなわち、たとい個々の宗教が多くの人間において実現されても、宗教はその本質において、各個人の事柄である問う存在であり、また傷ついている存在としての人間に対する熟慮は個々の人間を、自らの問いと自らの負傷者としての在り方との、一方では緊張へと導き、他方では、諸宗教の歴史の中にあるような沢山の問いへと導く。諸宗教は、ここでは要求されたままである。なぜならば、個々の人間の考えた諸問題を、利益社会一般や政治ないし国家も解くことができないからである。というのも、意味を探し、覆蔵性と確固とした根拠を求めることは、利益社会や国家を平和にしないからである。

ヨーアキム・フェストは、最近、次のことについて考えた。つまり、その力が社会主義の終わりと共に破れ果てるところの政治的理想郷を補充し得るものは何であるのかを。これらの理想郷は、時には宗教に代わる世界解明の組織として、特にキリスト教の信仰の確信として出てきた。これらの理想郷が宗教から奪ってきたものを実行する状況にはもはやないとしても、何処に救いの力があるのだろうか。というのも、人間の根本的問題が残っているからである。人間は広く――祝祭がそれを定式化しているように――「いのちを自ら形成している不合理性や多くの危機が終わる」約束を、つまり、人間を助ける超人的考えを必要としている（ドイツの新聞F・A・

Z＝Frankfurter Allgemeine Zeitung fuer Deutschland Nr.245 <21.10.92> N 5)。だが、何故――と人は問いたがるのだが――その場合我々はもう一度宗教でそれを試みるべきではないのか。

第三章で確認されたこと

1、現代は、宗教と諸宗教の間で新たに発展してきている緊張領域によって刻印されているが、その場合、「宗教」の関係点はもはや一致して「神」ということなのではない。

2、普遍的な救いの宗教としてのキリスト教は、その眼を優先的に競合している世界宗教に向ける。というのも、これは、諸宗教は様々に先ずそれらの「客観的」教義や実習において見られるが、「主観的」輪郭への問いは同等の注意を見出すことがないからである。

3、民族の敬虔さの書かれていない様々な諸形式は、逆に次のことへと通じていく。すなわち、相変わらず生き生きとした、あるいは新しい活発性に目覚めた地域的にあるいは局部的に働く伝統的諸宗教や、それらの、人間の活動的な救いの必要や治療の要求は、等しく自らへの注意を引くことへと。

4、個々の宗教的主体の主体的在り方への問いと、それらの、自らの生活の所与性への関係への問いが残っている。すなわち、諸秩序での結びつき、必然的中断の経験、先ず何よりも自らの行為へと耳を傾ける能力、それから、自らの生活の姿と外側から提供された道の助けとの間の緊張への問いである。そこで次のことが生ずる。すなわち、我々がそこで生きていることの緊張領域への洞察において、先ず、キリスト教の永続的な根本的基礎である宗教へと、つまりユダヤ教へと近づくことが。

第四章　キリスト教の根＝ユダヤ教

1　基礎作業

a　キリスト教にふさわしく

ローマの信徒への手紙の感動的な十一章で、使徒パウロは次のように書いている。

「根が聖なるものであれば、枝もそうです。」（十六節）

そして、

「あなたが根を支えているのではなく、根があなたを支えているのです。」（十八節）

この使徒パウロが、彼の同国人たちと彼らの、イエスの運命の中に隠されていることの理解とをめぐって格闘しているロマ書九章から十一章の最後で、キリスト者たちにすべての僭越さを注意している。すなわち、彼らは根を持っているが、この根は彼らよりは古く、またキリストの死後も彼ら自身の神の働きによる召命と彼らの永続する尊厳を失ってしまった。それ以来、ユダヤ教徒とキリスト者の運命は、解決し難く相互に絡み合わされている。

けれども、この紛糾上で我々が存続している正にその場合には、ユダヤ教とキリスト教の間の特有の落差は顧慮されないままであってはならない。ユダヤ教は、キリスト教の根底である。キリスト者たちは、この根を頼りにしている。ユダヤ教徒たちは彼らとしては――少なくともこれを顧慮して――キリスト教を頼りとしているのではない。幹や枝などは根から生じてくるが、根は幹や枝から出て来るのではない。これは、ユダヤ教徒たちとキリスト者たちとの関係をもっと広く論議する際に注目されるべきである。

さて、ユダヤ教徒とキリスト者との縺れは、数百年もの長い間続けられてきている。キリスト教徒たちは、彼らの出自を否定してきたし、イエスの同国民たちの子孫たちを卑しみ、かつ迫害してきた。ユダヤ教徒たちは、彼らの側としては、彼らの民族の「放蕩息子」、つまりナザレのイエスに決して留意してこなかった。そのため、両宗教の相互性は、反ユダヤ主義、ユダヤ人街、ナチ政体の強制収容所などでの集団殺害に到るまでもの流血の迫害によって印象づけられていた。アウシュヴィッツは、ユダヤ‐キリスト教的関係の封鎖となって今日まで存続している。

けれども、ユダヤ教徒とキリスト教徒との新しい関係が、アウシュヴィッツ以来ようやく存在してきている。その出発点には、先ずユダヤの諸グループでのイエスの再発見と故郷への迎え入れがある。この迎え入れは、マルチン・ブーバー（一八七八‐一九六五）の以下の言葉において模範的に固められる。

「イエスを私は若い頃から私の偉大な兄と感じてきた。キリスト教世界がイエスを神と、そして救い主と見なしてきたこと、そしてそのように今も見なしていることは、私には常に最高の真剣さの事実として現れた。が、この事実を、私はイエスのためにも私のためにも理解することを求めなければならないのである……。私自身のイエスに対する兄弟のように親しく打ち解けた関係は段々と強く、かつ純粋となった。そして私はイエスを今日では、嘗てよりも一層強い、そして一層純粋な眼差しで見ている。

イスラエルの信仰の歴史の中で偉大な場所がイエスに与えられ、この場所は普通の諸範疇のどんなものによっても書き換えられ得ないことが、私には以前よりももっと確実である。」

これ以後、相互の理解のための多様な試みが、始まりつつある対話と同様に存在する。が、その場合、我々は、先ずブーバーの言葉を、あまりに性急に使わず、イエスにとってと同様の、真理を求めている相手たちを前提し得る時に限っている。だが、ユダヤ教徒たちとキリスト教徒たちの間での、始まったコミユニケーションの中で、どのように、相違した諸宗教の人々が彼らの信仰から相互に出会うべきか、また出会い得るかということのための教えの部分を探知するならば、我々はそれ程遠出する必要はない。

このようなすべてのことは、我々の時代の多元論におけるキリスト教の立場が、先ずキリスト教のユダヤ教への関係から考えられるべきである、ということに近い。というのも、ユダヤ教的－キリスト教的縺れは、正に出発点において、世界と歴史への、キリスト教の統一的結合への決定的な表現であるからである。勿論、ユダヤ教がキリスト教の収斂しつつある構成要素として扱われる程度において、キリスト教の世界史への結合は、古代ギリシア・ローマ時代と後期ギリシア文化（＝ヘレニズム）との関係を顧慮して考慮に入れられた。ユダヤ教とキリスト教の関係が、あるいはキリスト教と古代のギリシア・ローマの関係が前景に立ったかどうかという問いとは独立に、その場合には「新しさの経験」（K・プリュム）に対する問いが心にしきりに浮かんでくる。だが、この問いの複合体は、ここでは先ずユダヤ教を詳しく理解するために、除かれるべきである。

b　ユダヤ教にふさわしく

キリスト教の根底への問いは、先ず、ユダヤ教自身はその根底を何処に持っているかということへと更に追求されるべきである。しかしここでは、もっと詳しくよく見ると、我々にはもっと興味深い発見をするのである。福音書類には二つのイエスの系図があり、それら二系図は、それぞれ固有の先祖を持っていることを。つまり、マタイによる福音書一章一節の始めには次のように語られている。アブラハムの子、ダビデの子、イエス・キリストの系図、と。

これに対して、ルカによる福音書三章二十三－三十八節は、イエスの系図を直系で示している。つまり、成る程アブラハムについても記すが、更に、人類の祖先であるアダムにまで遡って記している。

イエスは、ここでは全ユダヤ教と同様に人類の歴史の中へと根づけられている。が、その場合に、ユダヤ民族の創立が、エジプトの奴隷の身分からの解放に、また神とイスラエルとの間で結ばれたシナイ契約に特別に、書き留められているようなことはないのである。逆に、ユダヤ教の前史への碇泊は、以下の申命記二十六章五－十節（申命記六章二十－二十三節、ヨシュア記二十四章三－十五節、ネヘミア記九章七－二十五節参照）の信仰告白の中にその表記を見出す。

「わたしの先祖は、さすらいの一アラム人でしたが、少数の者と共にエジプトへ下り、そこに寄留しました。

エジプト人は、このわたしたちを虐げ、苦しめ、重労働を課しました。

わたしたちが先祖の神である主に求めると、主はわたしたちの声を聞き、わたしたちの受けた苦しみと労苦と虐げをご覧になった。

主は力ある御子と御腕を伸ばし、大いなる恐るべき業《わざ》としるしと奇跡とをもってわたしたちをエジプトから導き出し、

主は、この所に導き入れて乳と蜜の流れるこの土地を与えられた。

そして、ご覧下さい、主よ。わたしは、主が与えられた地の実りの初物を、今、ここに持って参りました。」（申命記二十六章五－十節）（訳註：日本聖書協会・日本聖書協会共同訳（二〇一八年版）参照）

たといユダヤの宗教の起源が、エジプトからのこの民族の解放とその後のシナイ山での契約に

由来するとしても、その根底は確かにその素性に遡る。

c　先祖のアブラハム

ユダヤ教への根底への問いは、シナイ山での契約の前史においての、先祖のアブラハムという人物にまで集中する。この見方は、次の事実が考えられる時には大きな力を持つ。すなわち――宗教史的比較の中で――ユダヤ教だけではなく、キリスト教やイスラム教もまた、これらのそれぞれ独自の創唱者たちであるモーゼ、イエスそしてムハンマドを超えて、これらの共通の先祖としてのアブラハムに注目することが、そしてアブラハムからその根源へと、つまり眼がアダムへと遡ることが。

そうすれば、今日生じている次のことが分かる。すなわち、ユダヤ教徒たち、キリスト教徒たちそしてイスラム教徒たちが、約束の地・イスラエル－パレスチナで出会い、摩擦し合い、またそれにも関わらず平和に満ちた共存と共生のために格闘するということが。また、このことは既に、ユダヤ教の聖典《タルムート》（訳註：旧約聖書参照）の中に早期の表現を見出すのである。つまり、創世記十二章一－三節に、初めて、アブラハムの召喚とアブラハムへの神の契約の話が出ている。アブラハムへのこの約束は、以下のように土地と多数の子孫を含んでいる。

「あなたは生まれた地と親族、父の家を離れて、わたしが示す地に行きなさい。わたしはあなたを大いなる国民とし、あなたを祝福し、あなたの名を大いなるものとする。あなたは祝福

の源となる。あなたを呪う者をわたしは呪う。地上の氏族はすべてあなたによって祝福に入る。」（創世記十二章一－三節）

この場合、子孫の生まれることとは、最初のうちは良くない星の下にあった。アブラハムの妻サライは子供がいなかった。この問題解決は、サライがアブラハムへと導いたお手伝いの女性のハガルによって与えられるように思われた（創世記十六章参照）。だが、ハガルはサライによってその後退けられる。けれども神は、ハガルが生んだ息子のイシュマエルをも祝福する（創世記十六章、二十一章参照）。この祝福は、妥当し続け、アブラハムへの神の約束の実現としてもまた、結局はイシュマエルとではなく、イサクと共に結合された。

我々は、初期キリスト教の宣教へと飛躍することにする。先にも述べたように、アブラハムはイエスの系図に残っている。けれども、アブラハムの真の子孫についての問いをめぐっては、ヨハネによる福音書に従えば既に、イエスとイエスの同時代人たちの間で争いが存在する（ヨハネによる福音書八章三十－五十九節参照）。この連関では、何よりも先ずキリスト教の受難の典礼から世に知られた言葉が、すなわち、この言葉の中ではヤーヴェの名前のギリシア語訳が輝いており、またこの句はイエスの敵対者たちの耳には一致して神に対する不敬と響いたに違いないが、まだ「アブラハムが生まれる前から、わたしはある。」（ヨハネによる福音書八章五十八節）という言葉が、聞こえる。

それから、新約聖書では、信仰の真の姿が語られるところでは（例えば、ヘブライ人への手紙十一章参照）、繰り返し、アブラハムが話題にされている。ユダヤ人たちとの戦いは、次のような箇所で激しい先鋭化を見出す。すなわち、ガラテヤの信徒への手紙でアブラハムの二人の息子たち、つまり自然の子であるイシュマエルと約束の子であるイサクを思い出させられ、それから、それにも関わらず――根源的意味に逆らって――シナイ山での契約を含めたユダヤ民族は、ハガルの子と彼の子孫とが同一視されるが、その一方で、教会にとってはその所属は自由な子の子孫に属すると申し立てられる箇所で。

回教を伴ったもっと後の理解を先取りすると、我々はアブラハムの像を次のことによって完成することができる。すなわち、簡単に言うと、我々がコーラン（＝回教の経典）におけるアブラハムの地位に立ち入り、またその際にいわゆる「アブラハム伝説」を明らかにすることによって。この伝説の中でムハンマドは、真のアブラハムの子孫をめぐっての戦いを独特な仕方で解決している。ヘルマン・シュティークレカーがそう定式化しているように、アブラハムは、ムハンマドと多くの他の預言者たちの先祖である限り、「予言者たちの父」である。けれども、ムハンマド以外の多くの予言者たちは、イサクの継承系列に属している。

このような訳で、アブラハムの系図は、二つの強力な枝に分かれた。これらの枝は、真価と威信に関して相互に均衡を保ってきた。つまり、これら二本の枝のうちの一方は、ムハンムドであり、他方は残りの予言者たちを明示している。このことから、ムハンムドは啓示史の中で単独で、アブラハムの種族からのすべての他の予言者たち全員と同様の多くを意味していることが推知される。

イシュマエルもイサクも共に、アブラハムの真実の子である。けれどもユダヤ教徒たちとキリスト教徒たちとの論争の中で、ムハンムドはコーラン経典第二章一二四‐一三四節で、アブラハムとイシュマエルは神の命令でメッカへと引き寄せられ、そこで聖殿を偶像崇拝から浄化し、回教霊廟を建立し、また一なる神の真の礼拝を整復するのである。次の引用句が有効である。「東も西もアッラーのもの。それゆえに、汝らいずこに顔を向けようとも、必ずそこにアッラーの御顔がある。まことにアッラーは広大無辺、一切を知り給う。」(コーラン第二章一一五節。井筒俊彦訳)

2 中間の熟慮

a 歴史の前提

たとい我々が、キリスト教の根底としてのユダヤ教について語り、またそれから首尾一貫して後方へと方向転換しても、この注視方向は幾多の根拠から貫徹され得ない。一つは、根は、死んでいない時には、現在において生き続けているからである。けれどもこのことは――この方向に留まる場合――キリスト教は、根の根底から由来している単に一本の枝にすぎず、しかもこの根は、キリスト教とユダヤ教に共通の、何よりももっと古い根幹部分に生き続けていて、しかもユダヤ教自身が同一の根幹において、今日のように新しい枝であるキリスト教に対立している場合には、その分だけ益々余分に考慮されなければならないのである。ユダヤ教徒たちとキリスト教徒たちとは、歴史の前進の中で今日、各々彼ら／彼女ら自らの道を生きている。

この問題は、我々が今日の時代にユダヤ教徒たちとキリスト教徒たちについて語るところでは即座に回教徒たちも視野に入ってくることを考えるならば、小さくはない。換言すれば、我々が隣接する「他」の諸宗教に、それどころか世界のすべての他の宗教に心を開かないならば、我々はユダヤ教徒たちとキリスト教徒たちの関係を今日もはや孤立した二つの関係のように扱うことはできないのである。だが、このことは――ユダヤ教とキリスト教への近さから言うと――先ず回教徒たちであり、次いで他の諸宗教の代表者たちであり、最後に、明確な宗教的結合はなくとも善き意志を持つ多くの人々である。

だが、面白いことにその場合、アブラハムになされた約束においてと同様、ユダヤ民族の早期の信仰告白においても鳴り響いているかの諸テーマは、今日再び、我々の間で、また諸民族や二つの民族の間で討論されている大きなテーマである。つまり、異郷や他国人たちの間での生活、生活空間や国あるいは故郷の約束そして諸民族の自由は、それらの種族あるいは宗教に損害を与えない。それらのテーマは、政治的テーマであると同時に宗教的テーマである。このことは、再び次のことを気づかせる。すなわち、ユダヤ教徒たちは常に民族的に規定されており、回教徒たちはいつも自治団体的－国家政治的、国際的－政治的にすら意味づけられた頂点を占有してきたのであり、キリスト教はこれらの両者の間にあり、キリスト教が政治的な選択を止めるように努めなければならないところにおいてすら、確かに革命的であり得ても、保守的であり得ても、確かに常に政治的諸成果を持つということを。少なくともこれら三つの宗教は——そしてそれが疑いもなく屢々非常に乱れた、戦争のような三者間の関係の決定的な理由でもあったのだが——世界を超越した神とのあらゆる結合に際して顕著な土地関係を持つのである。

だが、キリスト教が、信仰の根底に、従ってまたユダヤ民族の運命に絶えず留まるならば、キリスト教徒たちは根底において、宗教史の大きな諸テーマをユダヤ教徒たちと一緒に正に現今において理解し、そして解明するように招かれていることを理解しなければならない。

b　イエスの生活空間において

だが、もう一つの観察がその場合に、なおなされるであろう。ユダヤ人としてのイエスの再発見は、それと共に次のことを伴う。すなわち、キリスト教神学は今日では、イエス自らが実習したあの宗教を、嘗てのその当時の宗教的なユダヤ教においてよりももっとよく知っているということを。その際に、今日未だ生きているユダヤの宗教は、これまでむしろ隠されていた、ナザレのイエスの諸側面を発見することを、我々に教えてくれる。だが、この理解をめぐっての努力は、最初の驚きが非常に大きく思われて、キリスト教にとっては一見するとすべて新しく受け取られるように思われる時にも、進められねばならない。諸発見は、確かに小さくて純粋である。だが、だからと言ってそれらの発見は、無効力化されてはならない。

伝統的な仕方で——屡々「時代遅れの、古くなった聖書」という付属音と共に——「旧約聖書」として表示されるものをキリスト者たちは、イエス自らがそれによって生きたのが聖書であるが故に、深い尊敬を持って読まなければならないという確認は、長い間吟味されてきている洞察である。このことだけが、確かに聖書を追い越すことができない。聖書は我々を、イエスがそこから生まれ、そこでイエスが神ないしは彼の神関係を生きた民族の中へと移し入れる。旧約聖書は詩篇の中にその祈祷書を含んでいる。イエスの聖書との関係を発見する者には同時に、イエスの宣教、イエスの言葉、イエスの喩えや心像が、イエスの先祖たちの宗教に非常に深く住みついていたことが分かる。ナザレのイエスは、聖書と彼の民族の宗教とから生きており、聖書なしでは全く理解されることができない。

既にこの理由から「旧約聖書」との関係への新しい修練がこの項目の急務であるということは、かくしてどんなこれ以上の基礎づけも必要ではない。その際に、同時にこの書のより一層適切な名称が求められるかもしれない。例えば、エーリヒ・ツェンガーがそれを彼の読むに値する本の中で「第一の契約」と名づけたように。けれども、この問題の解決はそれ程簡単ではない。

3　異邦人

先に引用した契約の書の第一の大きなテーマは異邦人である。既に他の連関で（第二章参照）、我々はそれとは別に、今日多くの方面で要求されている立場の転換に注意を払った。が、この立場の転換は――自らの自我へのデカルト的な退却とは反対に――非我への、従って異邦人への退却を勧める。だが、他者や異邦人の考えは、ここでは今は純粋にユダヤ教と結びついた理念となる。従って、異邦人が、今日、特別な仕方でユダヤの思想家たちによって強調されても驚く必要はない。

a　聖典における異邦人

我々には先ず、そこでアブラハムの召命が話題になり、救済史的な、この民族の信仰箇条が守られるところの聖書のテキストを思い出させたい。二つの箇所が、異郷と異邦人たちについて論じている。アブラハムは、彼の故郷を去るように勧められる。というのも、アブラハムが訪問する異郷は、既に彼において「エジプト」という名前があるからである。申命記の信仰箇条には明確に次のように言われている。

「わたしの先祖は、さすらいの一アラム人でしたが、彼はエジプトに下《くだ》り、そこで異邦人として生きた。」

たといこの最後の句がユダヤの内部で強力な論題を解いたとしても、この句は成り立ち続ける。というのも、イスラエル自らが異郷に住んでいたのであり、またその異郷から解放されているという正にその理由から、あらゆる異邦人たちに対する関係が自らの運命によって前もって刻印されているからである。従って、異邦人の範疇は、一方では民族的なものである。だが、他方では常に神学的にも理解されるべきである。寡婦たちや孤児たちと一緒に、特別な援助に値する人々のグループを異邦人たちは形成する。

「あなたたちの神、主は神々の中の神、主なるものの中の主。主は偉大にして勇ましく、畏《おそ》るべき神。主は偏《かたよ》り見ず、賄賂を取ることをしない。主は孤児と寡婦の権利を守る。主は寄留者を愛し、彼らに食物と衣服を与える。

あなたたちは寄留者を愛しなさい。なぜならあなたたちもエジプトで寄留者であったからである。」(申命記十章十七－十九節、二十四章十七－十九節、二十七章十九節などを参照)

右の句に対応して、異邦人の範疇は、エジプトの奴隷の身分からの解放についてもその妥当性を失う。だから、ダビデは次のように祈る。

「このよう寄進ができるとしても、わたしなど果たして何者でしょう。わたしの民《たみ》など何者でしょう。すべてはあなたからいただいたもの、わたしたちは御手《おて》から受け取って、差し出したにすぎません。わたしたちは、わたしたちの先祖が皆そうであったように、あなたの御前《みまえ》では寄留民にすぎず、移住者にすぎません。」(歴代誌上二十九章十四－十五節。ヘブライ人への手紙十一章十三節参照)(訳註：日本聖書協会、日本聖書協会共同訳(二〇一八年版)参照)

異郷でのダビデ自らの経験から、次のように続く。

「寄留者があなたの土地に共に住んでいるなら、彼を虐げてはならない。あなたたちの下に寄留する者をあなたたちのうちの土地に生まれた者同様に扱い、自分自身のように愛しなさい。なぜなら、あなたたちもエジプトの国においては寄留者であったからである。」(レビ記十九章三十三－三十四節)

この要求は、今日では活動的な利益社会的な実践を見て、再精査されるべきである。だが、ユダヤ民族の宗教的そして民族的側面は、起源において大変分離され難いので、両方の展望は注意に値する。しかしながら、キリスト教徒たちの利益社会的な挙動が、ここで書かれていた根底へと、敵に対する愛にまで戻り得る時に限り、キリスト教徒たちは、異郷の人々に対する彼らの挙動において同一の問いの前に立つのである。

b 対話的原理

聖書の領域から現在へと向きを変えると、ここでは先ず、「我と汝」ないしは「間人格性」の、マルチン・ブーバーの哲学が思い出される。先ずブーバーとは、次の洞察が結び合わされる。すなわち、人格であるということは、自己防御的な個人性を目指しての償還請求や退去においてよりも、本質的には社会性の中で、そして社会性から考えられなければならないという洞察が。この傾向に対してブーバーは、『我と汝』の第一部で次のように述べる。

「「我」それ自体は、存在しない。根源語の「我－汝」の「われ」と根源語の「われ－それ」

の「われ」があるだけである。」

人間が「われ」を語る時には、これら両者のいずれか一つの「われ」を考えている。人間が「われ」を語る時には、彼の考えている「われ」、これがそこに存在する。人間が汝を、あるいは「それ」を語る時にも、根源語の一方の、あるいは他方の「われ」が存在する。

しかしながら、その場合、特別な注意が、汝に対する直接的な関係に対して重要である。これについて、ブーバーは次のように記している。

「「汝」は私に恵みによって出会う。——だが、探しても見つけられない。

汝が私に出会うのである。だが、私が根源語を汝に語るということが、私の本質であり、私の根本行為である。しかし、私は「汝」への直接的関係の中へと入っていく。そのように、関係とは選ばれることであり、また選ぶことである。受動と受動とは一においてである。というのも、全存在の活動はあらゆる部分的行動の止揚として、またそれ故にすべての——単に部分的行為に基礎づけられている——行為の感覚の止揚として、受動に似るようになるに違いないからである。

根源語の「われ-汝」は、ただ全存在において語られることができるのみである。全存在への集中と融合は、私によっては決して生じ得ない。私は「汝」において「われ」となる。「われ」となりながら私は「汝」と語る。すべての真実の生は、出会いである。」

我々は、ブーバー自らが多面的に深めたこれらの指示に満足する。出会いのこのいわば網細工において、神との対話もまたその場合彼にとって重要である。

C 他者

ブーバーやその他の人との対話においてであるが、エマヌエル・レヴィナスはもっと鋭く「汝」をある意味で依然として――いつもながら私には熟知した――「われ」から理解される別の「われ」としてよりはむしろその他者性において強調した。そこで、レヴィナスは次のように書いている。

対話で語る場合には、すなわち、「われ」によって「汝」に呼びかける場合には、特別な、そして直接的な変化が生じる。が、この変化は、すべての理念的な絆よりも強く、また、「われ」が同化の願望と理解の願望において考え、実現したすべての統合よりも強力である。もはやどんな変化も存在しないところの変化である。「汝」は「われ」とは絶対的に異なっている正にそれ故に、一方から他方への対話が存在する。これは、恐らくすべての対話の哲学の逆説的な使信ないしは、精神を超越性によって、すなわち社会性、つまり他者への直接的な関係によって定義する様式であろう。

この引用文で我々は、異邦性と同時に開放性の領域に、新しい仕方で存在している。この場所は、レヴィナスがユダヤの出身であることを思い出させる時にすら、宗教的言語と諸像から自由であるように思われる。恐らく、正にこの観察がこの状況の力を形成しているのであろう。レヴィナス自らの強制収容所のアウシュヴィッツでの体験後の彼は、壊れつつある言葉においてすら、聞こえる近さに留まっているのである。この状況においてもなお、次のように語る多くの勇気があるのである。

「神が初めて言葉となってくる文章は、「われは神を信ずる」ではない。すべての宗教的会話に先行する宗教的話は、対話ではない。それは、「わたしを見よ、ここにわたしはいる」であり、この言葉をわたしは、わたしが引き継いで語った隣人に語るわけである。「わたしを見よ、わたしはここにいる」というこの言葉で私は平和を、すなわち他者に対する私の責任を伝えるのである。「……唇《くちびる》の実《み》りの創造者として……平和、平和、遠くにいる者にも近くにいる者にも、と永遠なるものは言われる。」」（イザヤ書五十七章十九節）

4　土地と自由

a　土地契約

ユダヤ的同一性の宗教的基礎は、この民族に土地を約束（契約）し、神の民の誠実を約束し、約束の中でこの誠実を聖化し、またこの民族の中に神が臨在すると確証しているという、イスラエルの神への信仰である。これに対して、イスラエルの歴史は、この民族と「民族と共にいます」神との間の絶えざる対話の歴史として描かれている。けれども、この約束の確信は、既に先祖たちへの神の約束の中にある。すなわち、アブラハム（創世記十二章七―八節、十三章十五節、十五章七節、十八節、二十四章七節などを参照）、イサク（創世記二十六章二―四節参照）そしてヤコブ（創世記二十八章十三―十九節参照）への神の約束の中に。この神の約束は、エジプトの奴隷身分からの自由が故郷と自由の経験への土地入りが、その後のもっと後の信仰告白の中でその表現を見出すように、可能となるところで、その完全な実現を見出す。

この時以来、ユダヤ民族の歴史のあらゆる栄枯盛衰において、ユダヤ教徒たちの思考と憧憬とは、この土地とシオンに、すなわち神の住み給う場所へと戻っていく。ユダヤ民族の所属性は、その他の点では霊的―宗教的資産に尽きないで、同時に民族的な自然であるので、土地の約束も最後的には理念に消し去られたり、あるいは霊化されることはない。土地の約束は歴史の歩みの中で、ユダヤ民族が散在し、従って、他の国々で散在して生きたところでもまた、政治的に有効な刺激であり続けてきた。それ故に今世紀の一九四八年五月十四日に独立国家イスラエルが再建された時には、たといこの設立が単一原因として宗教的動機へ帰せられ得ないとしても、このこととは、いずれにせよ、ユダヤ教の宗教的根本確信における本質的根拠を持っている。

異国からの到来、約束の地への移転そして先祖たちの神による開放は、ユダヤ教の信仰箇条においては、相関的に関係している。キリスト教がその根を思い出す時には、この信仰が土地に関係している点を忘れない。勿論その場合、異郷について語ることは、ユダヤ民族が数千年前に自らのために所有した土地について語るよりは容易である。けれども、キリスト教徒たちは、この場所でこの討議から単純には出て行くことはできないであろう。キリスト教徒たちは一度、ユダヤ人の自己理解を理解しなければならないであろう。けれども、それに次いで、自らこの事柄へ関係していくように強いられざるを得ないのである。

b 「想起の文化」

J・B・メッツは、ユダヤの歴史との、特にナチのユダヤ人大虐殺との連関で、この歴史によって促進されたユダヤの歴史との関係を気づかせた。けれども、彼がその際に考察させたことは、アウシュヴィッツに制限されるのではなく、ユダヤ人の現存の全複合体に関係する。メッツは、どちらかというと好奇心によって導かれ、知識の方向に向かい、討議に方向づけられた態度と、想起に方向づけられた態度との間を区別して知りたいとしている。両方の態度は、対応している文化に一致している。メッツ自身は、「想起の文化」への方向を要求している。

「想起」は、キリスト教自身においては外来語ではない。キリスト教の現存の中心的出来事は、イエスの十字架と受難、イエスの復活と高化への想起を実行することである。典礼では聖体の秘跡の頂点で、「わたしを思い出すためにこれをしなさい」と言われる。けれども、礼拝式の想起は本当に想起の文化の中で続くのかどうかという問いは、正当に立てられる。

強力な対抗の論拠がここでは、現在に到るまでキリスト教的－ユダヤ的関係はいわゆる「代理の理論」によって煩わされているという事実として残る。この理論は、キリスト教はユダヤ教を中心的な契約の内容の中で継承しようと試みたということに、その本質が存している。その際に、土地と大いなる民族の約束は、以下のことによって没落する。すなわち、教会は、自らを「新しいエルサレム」、「神の新しい民族」として、また「選ばれた民」、「王の系統を引く祭司」、「聖なる国民」、全キリスト教徒に与えられた「神のものとなった民」（ペトロの手紙一、二章九節参照）のような威厳のある名前として、理解した。

この理論は、キリスト教神学では今日著しく効力をなくしている。けれども、この理論がその意味を失ったと主張することは、依然としてできないであろう。新しい国のイスラエルに対して控え目の態度決定は、この国の新設を基礎としている正にその故にこの民族の人々と彼らに関与している諸宗教との間で新たに始まった、政治的‐宗教的な諸々の設問を伴った欠けた理解と丁度同じく、むしろ次のことを立証している。すなわち、ここには、納得のいく見通しが欠けていることを。メツは、いずれにせよ、キリスト教徒たちにとってイスラエルの持続的意味があるという事実の抑圧の中で、以下の事実に対する根拠を理解している。すなわち、聖書の一神教が、つまりイスラエルが、根であり、しかもキリスト教にとってもまた同様に根のままであり、従って強制収容所であるアウシュヴィッツのユダヤ人虐殺は、先ずキリスト教徒たちにとって聖であらねばならなかったであろうすべての者への暗殺であったという状況に対して、キリスト教とキリスト教神学が長い間眼識を持っていなかったということへの根拠を。

イスラエルの相続性剥離は、しかしながら、次のような更なる根拠を持っている。

キリスト教がどのようにして神学となったのかという様式は、つまるところ、信仰は成る程聖書的－イスラエル的な諸伝説にも由来するが、精神はそれにも関わらず専らギリシア文化から、従って、諸概念がいつも想起として基礎づけられている、主体のない、歴史からかけ離れた存在の思惟と同一性の思惟に由来している、という理解によって深く導かれていた。聖書の諸々の伝統そのものからの精神と思惟との授与という考え方はあまりにも著しく偽ったままで残っている。つまり、契約の思想は、ギリシア的な想起として、また存在の根本的理解としての、従って想起的な精神の根本的理解としての時間は、キリスト教の聖書の伝統ではないのである。

想起によって導かれた思惟に対して、理念によって導かれた思惟の優位においてキリスト教神学は、その普遍的な要求を確実にして近世に耐え得るように定式化しようと試みる。これで本当にうまくいくのかどうか。

このような先の熟慮においてメッツは、ユダヤ教徒をキリスト教徒と同様に、「異郷」と「土地」という――「自由」、「自由の空間」と「自由な時間」の意味において――神の約束の要素として我々自らが示した見通しの下で、人間の歴史のかの領域へと追い返す。この記憶が共通に実現されるところでは、キリスト教神学は、根本的には両者が共通の根を持っているという自覚のうちで、ただ残存者たちとの対話としてのみ行われることができるという、直接的な帰結もその場合には生じる。ユダヤ教徒たちは、もはや決して神学的な討議における対象のようには扱われない。なぜなら彼らは神学の主体として認められなければならないのであるから。

これと共に要求されたキリスト教内での意識の変化において、ドイツの教会は特別の仕方で協力しなければならない。それ故に、正当にもドイツの諸々の司教区の共通「会堂」会議はその会議の最後に「我々の希望」Ⅳ、二一九七五を、次のように強調した。

「ドイツにいる正に我々は、旧い契約と新しい契約との救済の統合を、丁度使徒パウロが理解し、信仰告白したように、拒否したり、あるいは害あるものとすることはない。というのも、この意味においてもまた、我らの国ドイツにいる者たちは、ユダヤ民族の負債者となったからである。最後に、アウシュヴィッツの恐怖のような希望のない戦慄に直面しての「希望の神」について我々が語ることは、何よりも先ず次のことに結びついている。すなわち、これまで期待されていなかったということがあったということに。つまり、ユダヤ教徒もキリスト教徒も、共に神を、そのような地獄においてすら、そしてそのような地獄の経験の後にも、繰り返し、繰り返し呼び、そして呼びかけていたということに。」

5　神との対話

それによってイスラエルが生きている諸々の約束は、イスラエルの神を指示する。諸々の約束と同様の尊厳性には、ユダヤ教にとっては今日まで次の言葉が存するのである。

「聴け、イスラエルよ。我々の神、主は唯一の主である。それ故、あなたは心を尽くし、魂を尽くし、力を尽くして、あなたの神、主を愛しなさい。今日わたしが命じるこれらの言葉を心に留めおきなさい。」（申命記六章四－六節）

この神の声をモーゼは、エジプトの奴隷の身分からそこへと逃れた、すなわち刺すような棘のある叢林から逃れた、荒野で聞き取っている。神はそこで、彼の先祖の神として、すなわち、「アブラハムの神、イサクの神、ヤコブの神」（出エジプト記三章六節）として自らを紹介している。後年、イスラエルの信仰告白となるものが、ここでは神自らの次のような約束の言葉となっている。

「わたしは、エジプトにいるわたしの民の苦しみをつぶさに見、追い使う者の故に叫ぶ彼らの叫びを聞き、その痛みを知った。それ故、わたしは降《くだ》って行った。エジプト人の手から彼らを救い出し、この国から、広々とした素晴らしい土地、乳と蜜の流れる土地へと彼らを導き上るために……。」（出エジプト記三章七－八節参照）

モーゼの、先祖たちの神との出会いは、彼の神との対談によって刻印されている。神に対する極度の敬意にも関わらず、モーゼは敢えて神の名前を問うている。神がその中で啓示されている、神によって与えられた答えは、今日に到るまで偉大な、歴史を刻印した次のような言葉となって残っている。

「わたしは、「わたしはある」というものだ……また、イスラエルの人々にこう言うがよい。「わたしはある」という方《かた》がわたしをあなたたちに遣《つか》わされたのだと。あなたたちの先祖の神、アブラハムの神、イサクの神、ヤコブの神である主がわたしをあなたたちの下に遣わされた。これこそ、とこしえにわたしの名、これこそ世々にわたしの呼び名」（出エジプト記三章十四－十五節）

ヤーヴェのモーゼとの交わりは、ある意味で典型的に、人々が神と共になす経験のためにある。この関係は、先祖に遡る原始時代にも、予言者たちの将来へも、そしてそれから更に、人々の経験が重要であるので、ユダヤの歴史の中へも続行し、そして次々と物語られ続ける。どんな宗教においても、ユダヤ教においてのように、このような印象深い物語文学は発展させられなかった。

だがその場合、ユダヤ教の神関係は、近さと隔たりの、親密と近づき難さの特有な弁証法で成り立っている。この箇所では、イスラエルとの契約から、神の後悔や復讐にまで及ぶ神の嫉妬に注意を払う程には至り得ないのである。人間にとって聴くという態度は、基礎的なことであるが、人間人格的性格を奪われているところで初めて、今日の人々には理解できない服従へと堕落する。けれども、神はその人格性において、共に言葉の中で分け合い、自らの名を語り、呼びかけるのである。これは、イスラエルの喜びである。けれども既にモーゼにおいて、我々はもっと豊かな憧憬を発見するのである。

出エジプト記三十三章十二－二十三節にはもっと注意すべき、モーゼの神との話談が再び挙げられている。が、この対話でモーゼは神に神の「栄光」（ヒブル語の kabod、ギリシア語の doxa、ラテン語の gloria）を見せてくれるようにと願う。これは、次のように拒まれる。

「あなたはわたしの顔を見ることはできない。人はわたしを見て、なお生きていることはできないからである。更に、主は言われた。「ここに、この場所がある。あなたはその岩のそばに立ちなさい。わが栄光が通り過ぎる時、わたしはあなたをその岩の裂け目に入れわたしが通り過ぎるまで、わたしの手であなたを覆う。わたしが手を離す時、あなたはわたしの後《うしろ》を見るが、わたしの顔を見ることはない。」」（出エジプト記三十三章二十－二十三節）

神の顔をではなく、神の後ろをモーゼは確かに見ることができる。ある意味でこの神の言葉は我々自らの行動を是認している。我々は一方においては異郷について、広い土地やこの土地への永続する憧憬について、疎外と不自由について、他方では解放と自由について、来し方への記憶の眼差について、行く末には希望の眼差を語ってきた。これらすべてがユダヤ教徒たちについて話題にされるところでは、神が常に関係している。けれども――今や気づかれるように――本来的には決して前面においてではなくして、いわば後から関係している。そこにおいてこの神の臨在が輝き、燃え上がる諸々の瞬間は、神によって贈られた瞬間なのである。

予言者たちの歴史からは模範的には、エリヤの神との出会いが挙げられるであろう。この出会いはモーゼの神との出会いと同様に「神の山ホレブ」へと移されている（列王記上十九章参照）。エリヤは逃げて、命《いのち》が絶える不安に満ちて歩き続け、遂に気分が悪くなって、「わたしは先祖にまさる者ではありません」（四節）と言った。ここでも対話が生まれている。けれども、神との真の出会いは、「やわらかで、かすかな風の音」の中で次のように生じている。

「それを聴くと、エリヤは外套で顔を覆い、出て来て、洞穴《ほらあな》の入り口に立った。その時、声はエリヤにこう告げた。「エリヤよ、ここで何をしているのか。」」（十三節）

イスラエルの神は、道の神である。神は、異郷で神の民を案内し、その土地に居合わせ、エジプトからの解放者である。けれども――これはその後、もっと後になってからの重要な洞察であるが――この民が追放されているところでも、散在して生活しているところでも、寺院を失う時にも、数百年も迫害され、それでも約束を保っているところでも、神は臨在しているのである。神は、解放し、神の民ユダヤ民族と共に耐え忍ぶ。人々は、神に感謝し、誉め讃え、神と共に格闘し、神に呼びかける。人々は神を、語っているものとして、また沈黙しているものとして経験する。神は「人々の神」である。

ユダヤ民族の歴史においては、最後に、この一なる、そして唯一なる神が天と地の創造者であり、その始めと同様終末における一切を包んでいるという洞察も出てきている。信仰の形式のうちで、神は創造者であるばかりでなく、また裁判官であり、返報者でもあると語られている。神は、諸々の時を包んでいる。神の内には、結局諸々の時の運命が決定されている。けれどもまた、終末自身も包まれている。終末に向かってユダヤ教徒たちは、地上のあらゆる人々と今日もまたなお、途上にいるのである。

第四章で確認されたこと

1、ユダヤ教は、キリスト教の持続している根底である。このことから、アブラハムにおいては、ユダヤ教とキリスト教だけではなく、ユダヤ教、キリスト教そして回教が永続的に結合されている。

2、ユダヤ教は、自らを宗教的にも民族的にも一なる神に碇泊させていることを知っている。が、この神をユダヤ民族は創造主にして世界の主であると告白し、ユダヤ民族はこの神を、歴史の中に臨在し、活動し、共に苦しみそして解放しつつあるものとして、経験している。

3、神の歴史を司《つかさど》る力は、一切の彼岸性以前における約束に、感知し得る地上での近さを与える。この近さは、ユダヤ教徒にとって、異郷と約束の土地との緊張関係のうちで、つまり故郷としての異郷の経験のうちで、本質的に残っている。

4、キリスト教は、地上での現存の闘争状況から、次のようにして逃避することはできない。すなわち、キリスト教がイスラエルをその諸々の約束において霊的に継承しようと試みて、その歴史と共にイスラエルを孤独にさせようとすることによって――特にキリスト教の歴史が自らの側で、ユダヤ教の歴史と共に咎あるものとして関係深いままにしているので――。

5、ユダヤ教徒たちとキリスト教徒たちは、将来においても、洞察の近さにおいて共通の根底をおく枝として留まらなければならない。そして、この世を超えた、かつこの世での一なる神の律法の共通の理解のために戦わなければならない。

共通の了解の道においての次の一歩は、七世紀始め以来、両宗教に、先ず回教の形態で迫ってきた異邦人をめぐっての努力である。

第五章　イスラム教　神の最後の言葉？

一四九二年の二つの出来事

五百年前の一四九二年にアメリカが発見されたという記憶は、同じ年に起こったもう一つの事件を覆い隠す。すなわち、レコンキスタ（国土回復運動）の終わりと共にコンキスタ（征服）が始まったことである。一四九二年、アラゴン王国のフェルナンドとカスティリャ王国のイザベラ一世の下で統一されたスペイン王国は、イスラムの最後の砦グラナダを奪還した。これにより、差し当たりイスラムから西欧世界に対する影響は止まり、妨害されないで西欧世界そのものに目を向けることが可能となった。だが同時に、始まりつつある近世の背後には、イスラム的である近東と共にキリスト教的でもある全近東世界が依然として存在していた。少なくとも一時的に、近東世界から離れた「遠い西欧世界」は自らとその諸々の関心に集中することが可能となった。

ここで忘れてはならないことは、イスラム教徒により阻まれたインドや中央アジアへ向かう陸路を迂回して西へ向かう海路を取らざるを得なかったことが大西洋航海における発見につながったということである。航海者らは、西へ向かう海路上で、ヨーロッパとインドの間に、ヨーロッパとアジアの間にアメリカが存在したという驚きを経験したのであった。

いずれにせよ、今日では中世の哲学および神学の発展という観点からイスラムの文化的重要性が強調されるにも関わらず、イスラムに対しては強い脅威の感情が結びついている。これは、政治的な意味では一六八三年九月十二日にウィーンのカーレンベルクの戦いでヨーロッパの包囲に対し最終的な勝利を収めるまで続き、宗教的な意味では現代まで続いている。宗教的な意味でのイスラムに対する脅威の感情は、イスラム教が現在に到るまで紀元後に生まれた最も重要な世界宗教であり、――ユダヤ教とキリスト教を超えた――「神の最後の言葉」として理解されていることから生じる。

その間にも、様々な要因に根ざした宗教的かつ政治的な緊張構造が新たに強まってきた。近代の移住運動では、イスラム教徒が大挙して平和的な仕方で中欧諸国に定住した。今日、その地のイスラム教徒は、キリスト教会と同等の利益‐社会的権利を要求するようになっている。更に、アブラハムから生まれたユダヤ教、キリスト教、イスラム教の三宗教は、聖地エルサレムをめぐり対立し、この聖地を紛糾させてきた。湾岸戦争ではついに、中東以外の世界の国々は、強硬なアラブ諸国とそこに存する紛争の可能性と、西欧世界にはむしろ縁遠いイスラム的思考や行動の基盤と対決させられた。

これまで信じられてきた宗教が市民の私的生活の領域へいや増しに押しやられている世俗化された西欧社会において、イスラム教のような神中心の宗教はまずは驚異すべきものであるが、その間にヨーロッパでも多くの人々がイスラム教に惹かれ始めている。今日、イスラム教に対する驚異の多くは「イスラム原理主義」というスローガン（レッテル）によって隠される。それにも関わらず、キリスト教や政治的スローガン（マルクス主義や自由主義など宗教的選択肢に取って代わろうとするもの）のオールターナティブを探す中で、イスラム教のような神中心の宗教が自然科学研究や科学技術によって支配されている現代世界の諸問題に取り組むことに成功するのかを観察しようという関心は高まっている。

1　徹底的な一神教

a　信仰告白

敬虔なイスラム教徒の生活の基盤をなすものは、唯一神アッラーと預言者ムハンマドに対する信仰告白（シャハーダ）である。

「アッラーのほかに神はなし
　ムハンマドはアッラーの預言者なり」

この信仰告白には、イスラム教の創始者ムハンマドとユダヤ教との深い結びつきが認められる。

イスラム教とユダヤ教は共に唯一神の宗教である。しかし、ユダヤ教では、その根本をなす約束の言葉の内容に直ちに注意が向けられ、ユダヤ教徒が経験してきた歴史をいわば回顧する中で、神が働き現存していることが認識される。これに対し、イスラム教徒は、世界に向かう前にまず神と向き合うよう命じられる。イスラム教徒にとって最初にして最後の言葉はアッラーすなわち「神」である。生活と存在のすべてが神に対する「イスラム」、すなわち神への服従であり帰依である。それ故、「イスラム」という名の宗教となったのである。

第二ヴァチカン公会議の宣言の一つ、**Nostra aetate**《ノストラ エターテ》（『キリスト教以外の諸宗教に対する教会の態度についての宣言』、通称『諸宗教宣言』）の第三項の、カトリック教会がイスラム教に言及している箇所では、唯一神への信仰という両宗教の共通性が強調されているが、これは正当なことである。

「教会はイスラム教徒をも尊重する。かれらは唯一の神、すなわち、自存する生きた神、あわれみ深い全能の神、天地の創造主、人々に話しかけ神をして礼拝している」（訳註：『公会議公文書全集』（南山大学監修　中央出版社）参照）

現在でも、ユダヤ教、キリスト教、イスラム教の三宗教の共通性を否定しようとする人々がいるという事実に直面して、右の宣言文は限りなく重要である。神信仰の基礎的内容（「我々は創造主にして審判者であり世界の完成者である神を信じる」（ヘブライ人への手紙十一章六節参照））において、ユダヤ教徒、キリスト教徒、イスラム教徒はつながっている。三宗教の区別は、神から与えられた約束の内容を比較する段階で生じる。

b　野生のろばのような人

ところで、第二ヴァチカン公会議では、三宗教の区別を超えた共通の根はアブラハムにあることも確認されている。聖書によれば、実際、アブラハムの二人の息子（このうちイシュマエルに対する注目は段々と後退するとはいえ）は共に神の約束の言葉を与えられている。確かに、後になって両者には重大な区別が生じる。イシュマエルにも多くの子孫が与えられることが約束されているが、土地が与えられることは約束されていない。その代わりに、イシュマエルについては次のように述べられている。


「彼は野生のろばのような人になる。

彼があらゆる人にこぶしを振りかざすので人々は皆、彼にこぶしを振るう。

彼は兄弟すべてに敵対して暮らす。」（創世記十六章十二節）（訳註：日本聖書協会・日本聖書協会共同訳参照）

「野生のろばのような人」とは、野生のろばのように自由に束縛されずに生きるが、しかしまた荒野にいる野生のろばのように押しやられ追いやられることをも意味する。また、コーランではユダヤ教徒とキリスト教徒は「啓典の民」とされるが、そこには独特の意味合いが込められている。実際、「野生のろばのような人」は、明らかに、定住の地を与えられないだけでなく、貧しくなる一方であった。というのも、彼らは、ユダヤ教徒やキリスト教徒とは対照的に聖書を持たなかったからであり、ユダヤ教徒やキリスト教徒のように信頼を置くことができる約束の言葉を持たなかったからである。ユダヤ教徒は選ばれた民であった。また、キリスト教の使信は、ユダヤ教徒と異教徒を分かつ壁、選ばれた者と選ばれていない者を分かつ壁がなくされたというものであった。だが、この使信は荒野で生きる人々には届かなかったに違いない。

新しい宗教を創始したムハンマド（紀元後五七〇－六三二）が、隣接する一神教であるユダヤ教やキリスト教と対峙していたことは間違いない。たとえキリスト教の諸形態を詳細に調べムハンマドやその同胞と強引に関連づけるといった学術的努力をしても、このことに変わりはない。また、ムハンマドが、荒野で生きる人々に対し、「啓典の民」と競う勇気を与える使信を伝えたことも確かである。ムハンマドは同胞らに対し、彼らもまたアブラハムの子孫であり神の約束の言葉を受ける立場にあるという洞察を新たに与えた。更に、ムハンマドは、神が語られるに従ってコーラン――ユダヤ教のトーラーやキリスト教の福音書と並ぶ第三の聖書とされる――を記録するという使命を神から受けた。おそらく、コーランという名称は、コーラン九十六章一－五節にある「朗誦する」という神から与えられた使命にちなんでいる。

「慈悲ふかく慈愛あまねきアッラーの御名において……

一　誦め、『創造主なる主の御名において。

二　いとも小さい凝血から人間をば創りなし給う。』

三　誦め、『汝の主はこよなく有難いお方。

四　筆もつすべを教え給う。

五　人間に未知なることを教え給う』と。」（コーラン第四十六章一節以下も参照）（訳註：『井筒俊彦著作集7　コーラン』中央公論社参照）

筆者の間違いでなければ、ハディースの言葉は、ユダヤ教やキリスト教を超えたイスラム教徒の固有の運命を述べている。

「イスラムは異邦人の間で生まれ、それは異邦のものとして終わるであろう。

異邦人たちのこのような運命を認め告白する者は幸いである。」

「外で」、「遠くで」、「荒野で」疎外されて生きる人々の称揚が地上で不遇の民族や種族に対してどのような影響を今日までもたらしてきたかは、容易に理解しうる。イスラム教の創始から現在まで一三〇〇年以上が経過したが、西欧とキリスト教の結束は現代においても強まっており、特にキリスト教の覇権への要求が弱まることはない。というのも、西欧世界および西欧的キリスト教による覇権への要求（この百年間、キリスト教にとって、覇権への要求とは「キリスト教の絶対性への要求」の意であった）は危機にさらされており、とりわけ西欧的キリスト教こそがキリスト教そのものであると理解する場合に、覇権への要求は危機にさらされるからである。「神の最後の言葉」による預言者たちの「封印」は、このようなキリスト教の覇権への要求に対立する。

2 「預言者たちの封印」

a ムハンマドとイエス

イスラム教は、紀元後に生まれたが故に、先行する啓示宗教（ユダヤ教、キリスト教）との違いを際立たせることを強いられている。キリスト教がユダヤ教に根ざしているのと同様の意味で、イスラム教がキリスト教に根ざしている訳ではない（先に確認した通り、分岐点はアブラハムにある）。既にコーランの中で、イスラム教の明確な境界設定と位置づけがなされている。

キリスト教の自己理解（キリスト教とは何か）には本質的に二つの中心点がある。

1 神は三つの人格を有すると告白する固有の神理解

2 人となった神の子が救い主であるとする

キリスト教は、人類に与えられた神の最後の言葉はイエスにおいて認識されると主張する。その主張の根拠は、唯一の神のナザレのイエスにおける受肉、そして最終的な救いとイエスの死および復活との結合である。これらに対し、イスラム教は怒りを持って抵抗し、最終的に拒絶する。神が有する三つの人格の否定は、まずイエスの神性の否定から始まる。三位一体の信仰は最終的に多神教への回帰につながるとされる。

「『神はマリヤム（マリア）の子メシアである』などと言う者どもはまぎれもない邪宗の徒。言うがいい、『もし（アッラーが）、マリヤムの子メシア、その母、否、地上のあらゆる人間を滅ぼしてしまおうとなさったなら、アッラーをいささかたりとも取り抑えることが誰にできよう』と。何ものでも御心のままに創造し給う御神なるぞ。アッラーはあらゆることをなす機能を有し給う。」（コーラン五章十七節。訳註：『井筒俊彦著作集7 コーラン』中央公論社参照）

神の子という位格を神に帰すること――生物学的な意味で神が息子をもうけること――は、神の唯一性と矛盾する。

「これ啓典の民よ、汝ら、宗教上のことで度を越してはならぬぞ。アッラーに関しては真理ならぬことを一ことも言うてはならぬぞ。よくきけ、救主イーサー、マリヤムの息子はただのアッラーの使徒であるにすぎぬ。また（アッラー）がマリヤムに託された御言葉であり、（アッラー）から発した霊力にすぎぬ。されば汝ら、アッラーとその（遣わし給うた）使徒たちを信ぜよ。決して『三』などと言うてはならぬぞ。差し控えよ。その方が身のためにもなる。アッラーはただ独りの神にましますぞ。ああ勿体ない、神に息子があるとは何事ぞ。天にあるもの地にあるものすべてを所有し給うお方ではないか。保護者はアッラーお独りで沢山ではないか。たとえ救主たりとて、よもやアッラーの僕となるのをいやとは申すまい。それからまた御側近く伺候する天使たちにしても。」（コーラン四章一七一、一七二節。同前）

さらに古い章句とされるコーラン一一二章では、次のように言われる。

「慈悲ふかく慈愛あまねきアッラーの御名において……

告げよ、『これぞ、アッラー、唯一なる神、
もろ人の依りまつるアッラーぞ。
子もなく親もなく、
ならぶ者なき御神ぞ。』」（コーラン一一二章。同前）

とはいえ、ムハンマドは可能な限りイエスを特別な存在として認めている。ムハンマドは、キリスト教徒と同様に、イエスが処女マリアから誕生したことを認めている。処女からの誕生は、イエスが全く神によって、すなわち神の力と意志だけにより限定され包まれているという神とイエスとの結束を表している。イエスは、その死により特別な者となり、神に召され天に昇り、無信仰の輩より高いところに置かれ（コーラン三章五十五節参照）、世の終わりの裁きにおいて証人となる（コーラン四章一五八、一五九節参照）。しかし、コーランのその他の箇所では、イエスすなわちイーサー（コーランでのイエスの呼称）は、歴史上の預言者の一人とされている。

b「封印」

コーランでは、ムハンマドについて次のように述べている。

「ムハンマドはお前たちの誰の父親でもない（たといその者が額面上の子であれ）。もともとアッラーの使徒であり、預言者の打留であるにすぎぬ（すなわちそれ以前の預言者たちの信者、あるいは預言者たちの最後の者）。まことに、アッラーは全知におわします。」

（コーラン三十三章四十節。同前）

ムハンマドは、彼以前には警告者の来たことがない民族を「正道」に導きたいとの神のお志から（コーラン三十二章三節参照）、警告者として人々の下に遣わされた。預言者としてのムハンマドは神の代弁者である。従って、コーランは、詩人や予言者による書ではない。コーランは、その中でも述べられている通り、全世界の人間を治める支配者の啓示として天から示された（コーラン六十九章三十八－五十二節、十五章一〇五節参照）。主導権は完全に神の側にあり、神と人間の隔たりを越えて関係を自ら樹立しうる可能性は人間の側にはない。

それ以前の預言者らの歴史、特にユダヤ教徒やキリスト教徒において明るみになっている神の本来の言葉からの逸脱とは対照的に、神の使者ムハンマドは、正道に戻すという役目と共に権威としての役目をも果たさなければならない。イスラム教では、ムハンマド以外に、ムハンマドが記した聖典すなわちコーランがこの役目を果たすべきとされる。特に、イスラム教の理解によると、コーランは、ユダヤ教、キリスト教、それぞれの聖典（旧約聖書、新約聖書）において見られる、唯一神およびこの神と世界との根本的関係についての教えのすべてを含んでいる。ただし、これらのうち、歴史の過程において誤った方向へ進んだものについては同時に訂正されるべきである。

ムハンマドは、コーラン五章三節で、イスラムにおいて神の恩寵が完成すると述べている。

「今日では信仰なき者どもも汝らの信仰にはすっかりあきらめておる（というのも彼らはもはや

やそれに対して何もすることができないからである)。されば彼をこわがることはない。このわしをこそ怖れよ。

今日、ここにわしは汝らのために宗教を建立し終った(だから何ものももはや欠けていない)。わしは汝らの上にわが恩寵をそそぎ尽くし、かつ汝らのための宗教としてイスラムを認承した。」

神の最後の言葉は、神の絶対的主権に根ざしている。それ故、人間の行為は、神の意志への服従の実践によって測られる。コーランを超える神の言葉は他にはない。

c　キリスト教の反応に対して

第二ヴァチカン公会議の宣言の一つノストラ・エターテは、ユダヤ人に土地を与えるという神の約束について言及していない。同様に、イスラム教に関しても、ムハンマドの人物像や神の最後の言葉を世界にもたらすというムハンマドの主張について一切言及していない。これは、互いを積極的に結びつける線を明確にし、互いを分離させる線は強調しないでおくべきであるとの考えによるものであろう。もし不和と敵対の歴史を強く意識していたならば、公会議の参加者たちは見解の相違点を新たに指摘しようとしていたことであろう。しかしその際に歴史は進んでいる。新たに互いを結びつける発言は歓迎されるべきではあるが、それだけでは十分ではない。「対話」は、交流の新たな名前であり、宗教間の対話は、社会的正義、平和、人間の自由のために様々な社会的利益集団が行う努力として更に進めるべきである。

対等者間の対話では共通性と共に相違について語らなければならない。このことは、宗教間の対話においても妥当する。その理由は、そうすることにより他宗教の主張の中に存する未知の同質性と異質性が明らかになり、少なくとも他者を他者として認めることになるからである。ここから更に問いうるのは、相違の指摘は、(他宗教の)排除よりも、より誠実で自由な相互関係をもたらすのかということである。

キリスト教の公会議宣言では、――カルロ・M・マルティーニ枢機卿も一九九〇年十二月六日にミラノで行った「我々とイスラム教」という講演で明言している通り――、イスラム教の創始者ムハンマド以外に、イスラム社会、ウンマ(イスラム共同体)、イスラム教の聖典、イスラム教の信仰告白、メッカ巡礼、シャリーア(イスラム法)などが果たす役割についての言及が少ないままとなっている。また、イエス理解をめぐる相違、特に人類の救い主としてのイエスの否定についても言及されていない。だが、現代においては、キリスト教徒とイスラム教徒が対面した場合に先ず両宗教の創始者であるイエスとムハンマドをどう評価するかについて語らない訳にはいかないのではないかといったことが問われるのである。

イスラム教がイエスをどう考えるかはコーランから知ることができる。歴史が進んでもその考えは本質的に変わっていない。しかし、逆に、キリスト教がムハンマドをどう考えるかは語られることがない。当然ながら、ムハンマドは預言者――例えば旧約聖書の預言者と同様の意味での預言者——であるといった素朴な認識では不十分である。ムハンマドは決して紀元前の預言者と同じではない。更に重要なこととして、イスラム教の自己理解からすれば、預言者ムハンマドといった単純な認識は正しいとは言えない。ここで、究極的正当性についての理解をめぐり決着をつけようとする争いが発生するであろう。この争いにおいて、イスラム教はコーランとコーランを記したムハンマドの正当性を主張し、キリスト教はこの世でイエスにおいて受肉した神による救いの言葉の正当性を主張し、両宗教がそれぞれの立場から主張する正当性が対立することになろう。

ここで対話について語ることに意味があるのは、それぞれの信仰的立場や宗教上の最終的制約をも超えて少なくとも両者が共存しうる可能性を開くような実際的な議論をする覚悟ができている場合のみである。今日、キリスト教は、——厳密な教義的立場をもって知られるにも関わらず——、自己否定寸前の限界に至る程に、他宗教との理解と合意を目指す努力をしていることが見過ごされてはならない。（しかし）それ以上にキリスト教は既に実際には益々その無力さを露呈しており、——原始のキリスト教の霊感に反して——地の塩として世界に活力を与えるどころか、非キリスト教的なものを軽蔑して切り捨てようとしている。

また、このような問題を考察する際、次のような反論——類似のものといくらでも取り替え可能な反論——があることにも留意しなければならない。

「サウジアラビアでは今後もキリスト教会の建設が許可されることはないであろう、とサウジアラビアのアリ・ベン・ハッサン・アシュ・シャー情報文化省大臣は最近、フランスの日刊新聞「フィガロ」に対し語った。大臣が用いた表現によると、まことに「遺憾」ながら、サウジアラビア政府はキリスト教会がわが国に入ることを許可する訳にはいかない、これは「神の命令」に関わる問題である。イスラム神学のワッハーブ主義的解釈によれば、アラビア半島の地は「ハラム」すなわち聖地であって、非イスラム教徒が入ることはできない。」(ケルン大司教区教会新聞四十八号四頁(一九九二年十一月二十七日刊))

この記事は、現代の日常語で「原理主義的」と呼ばれるものが別の文脈の中で語られるとどのようなものになるかを目の当たりにさせる。ここでは、コーランの中に見られるユダヤ教徒やキリスト教徒に対するイスラム教徒の振る舞い方について述べるだけでは不十分である。むしろ、排他的態度を取るイスラム教徒に対してキリスト教徒はどのように関わるかをキリスト教徒自身が問われていると言うべきである。現代において多様な議論の可能性、特に西欧発祥の民主主義により要求される国際的議論の可能性を最初から奪われないで、同時に有意義な形での共存を断念しないことを欲するならば、神がコーランで直接に指示していない問題に対してイスラム教徒の側としてはどのように対応するのかを見る必要がある。先に引用した記事に表れているような神学的な偏狭化は、イスラム教の歴史に目を向ければ、維持され得ない。

3　イスラム教における二者択一

a　後継者の問題

神の啓示（コーラン）の中で規定されていない第一の問題は、預言者の後継者という問題である。確かに、後継者の決定は、預言者としてではなく宗教的・政治的指導者としてのムハンマドに関わる問題であった。ムハンマドが宗教的・政治的指導者として最初に存在を示したのは、六二二年（イスラム暦の元年とされる）にメッカからメディナへ移住し（ヒジュラ＝聖遷、遷行）、メディナを最初のイスラム都市国家と定めた時である。ムハンマドの死後、後継者ないしカリフは、まずムハンマドの出身部族であるクライシュ族の中で決定された。

最初の争いは、第三代後継者ウスマーン殺害後に発生した。クライシュ族に反対する人々は、預言者ムハンマドの出身部族ではなく血縁関係により後継者を決定すべきであるとの立場を取った。その結果、第三代カリフであったウスマーン殺害の首謀者らは、ムハンマドの娘婿アリーを後継者に決定した。クライシュ族の出身者でもあったアリーは、ある意味で妥協的な後継者候補であった。その後、アリー殺害後に争いが起きたが、クライシュ族が勝利を収め、ダマスカスを首都とするウマイヤ朝（六六一－七五〇）を開いた。これと同時に、イスラム教はスンニ派（訳註：正統派）とシーア派（分離派）に分裂した。

スンニとは慣習であり、具体的には、コーランではなく所謂ハディース（口伝）の中で伝承されている預言者ムハンマドの行状や慣行である。現在に至るまで、スンニ派と呼ばれるイスラム教徒の多数派はスンニに従い生活している。イスラムの歴史のより大きな流れの中で、スンニはイスラム教の大枠となっており、この枠の中で原初の啓示コーランは伝承されている。このことは、コーランの注解についても、コーランから派生したすべてのイスラム教徒に課せられる神の法であるシャリーア（法）とその注解についても、当て嵌まる。

覇権を握るアラブ民族に対抗して、アリーの信奉者らは、スンニが規定するカリフ主義ではなく、イマーム主義の立場を取った。イマームはむしろ一般的には広義の指導者の呼称であり、この意味で、儀式における祈祷の先唱者、学派の指導者、カリフなどもイマームと呼ばれる。しかし、スンニ派に対抗する集団にとって、イマームは神が選び遣わした民族の指導者であり、アリーの信奉者らもまずこの意味でイマームを理解した。後に、アリーの「党派」（アラビア語ではシーア）が、分裂していった人々の呼称となった。現在まで、シーア派は、正統派すなわち習慣（スンニ）に従うスンニ派にとって最強の対抗勢力となっている。当然ながら、シーア派は、スンニ派と相容れない集団であり、スンニ派から迫害されるのは無理からぬことである。シーア派は、神が遣わす指導者（イマーム）を常に求めており、特に九世紀以降、真のイマームは幽隠しており世の終わりに再臨するという信念を堅持してきた。とはいえ、シーア派は政治的に生き残れなかった訳ではなく、イランでは十六世紀初頭にシーア派がサファヴィー朝を樹立した。

バッサム・ティビは、イスラムの歴史においてスンニ派とシーア派の対立は同時に二つの文化的に異なるイスラム理解をもたらしたと述べている。スンニ派はアラブ的であり、シーア派はそれが支配しているところではアラブ的ではなくペルシア的である。「イラン」という例が示すように、イスラム教自体は、スンニ派的なものとしてインド、パキスタン、アフリカ諸国など非アラブ世界に入っていっても、現地のシンボルや文化的要素を受容してイスラム教の様々な現象形態——イスラム教では一つのウンマ（イスラム共同体）が強調されるにも関わらず——を生み出している。

b　法と神秘思想

別の視点からは、イスラム教における第二の二者択一が現れる。これは、先に述べた第一の二者択一（スンニ派かシーア派か）と接点もあるが同じものではない。すなわち、シャリーア（法、イスラム法）か神秘思想かという二者択一である。法と神秘思想はいずれも、人間と唯一神との出会いを出発点とする。法は人間の生活や社会を外面的に統制する道であり、イスラム教の全体的な統一性や均一性を生み出す。これに対し、神秘思想は、神関係の内面化や霊化により神関係における人間の活動範囲を広げる道である。

イスラムを論じる際に自ずとシャリーアが強く押し出されるのは、後継者の問題と同様に、コーランを遵守する上で、神の法を様々な状況、つまり人間の実存、時代の変化、異文化の中で具体的に転換・応用・翻訳するという問題が生じるからである。このような法の応用は、神学的な省察や思索の対象となることは少なかった。むしろ、法は、法律を制定する過程において発展し解釈されてきた。その結果、コーランとスンニという観点からイスラムの歴史を見ると、具体的な法規範や法的決定を確定するための実際的な手続きや方法が発達し、――これらの問題を議論する中で生じた相違により――様々な法学派が誕生することにもなった。スンニ派においては、正統学派は、ハナフィー学派、マーリク学派、シャーフィイー学派、ハンバル学派の四つに集約されるが、ここではこれらの各学派について説明する必要はないだろう。

イスラム神秘思想には更に大きな関心が寄せられてきた。歴史的には、イスラム神秘思想は、羊毛（＝スーフ）の外套――初期の禁欲的な修行者が身につけていた――にちなんでスーフィズムと呼ばれる。ここではイスラム神秘思想の様々な現象形態や代表的な神秘家について紹介することはできない。ドイツ語圏で特に注目すべきものとしてアンネマリー・シンメルの研究があることを指摘するに留める。イスラム神秘思想は、社会との関連で問題とされる場合、外面的統治としての法遵守と並ぶ選択肢として、二者択一の中に置かれることになる。イスラム神秘思想は、神へ到る根本的な道（タリーカ）を教える。イスラム神秘思想はそれぞれ多様であり――唯一の道とされるコーランとは対照的である――、言語化された神秘体験は屢々個性的な性質を有するため、多くの神秘家は正統派と相容れず、ハッラージュ（八五七－九九二）のように殉教死した神秘家も少なくなかった。

現在、シャリーアとタリーカがイスラム教の代表的な形態として対置されているように、イスラム教に複数の道があることを強調することにより、非アラブ諸国におけるイスラム教は多様に自己発展を遂げる可能性がある。イスラム教がアフリカやアジア諸国で拡大するためにはこのような可能性が必要となるが、その際、異質の民族宗教的な要素をもイスラム教に統合する余地が生じるであろう。実際、このことがいったん意識されると、あらゆる世界的な大宗教と同様に、イスラム教においても、幅広い民族宗教の諸形態が、イスラム教の正式な自己理解にかなうものとして認められるようになる。イスラム教におけるあらゆる現象を正当に評価しようとするなら、正統派として公認されているアラブ諸国のシャリーア的なイスラム教だけではなく、特に非アラブ諸国のタリーカ的なイスラム教をも考慮に入れなければならない。この文脈で言えば、ある民族のイスラム教においてアラビア語ではなくその民族の日常言語が用いられているのなら、どの程度までアラビア語を絶対視すべきかについても長期的な視点で考えていく必要があるだろう。

c　イスラム教と現代世界

スンニ派とシーア派、シャリーアとタリーカという緊張が存する領域において歴史的考察よりもむしろ現代との関連で言及されることの多い問題は、イスラム教が現代世界に対する立場の表明を迫られる場面でも引き続き言及される。実際こういった場面では更なる分裂が表れる。この分裂は、いわゆる「イスラム原理主義」を詳細に分析する現代の議論の中で明らかになる。イスラム原理主義という標語には、西欧の近代的なものの負の側面に抗してイスラムの社会的領域を守ろうとする努力が集約されている。これと対決し得るのは、国際的・政治的議論を通じて全世界と意見の交換を継続していこうとする冷静な考察である。

問題を考察する上でキーワードの一つとなるのが「世俗主義」である。イスラム教の理解によると、キリスト教的西欧世界が生んだこの世俗主義は、全く否定的なものとして評価されるべきである。世俗主義は「無神論的」であると共に「不道徳」である。更に悪いことには、「世俗主義」、「科学」、「世俗的」、「科学的」のそれぞれの概念に相当するアラビア語（**ilmaniyya**、**ilm**、**alamani**、**ilmani**）は言語的に近接しており、一つの概念を否定すると他の概念をほぼ強制的に否定せざるを得ない。こういった印象から、イスラム教の様々な宗派は、所謂「原理主義者」たちをも弾圧し統制しようとしている。

重要なことは、イスラム教は、宗教を個人の私的問題とする西欧世界を徹底的に拒否し、その上で宗教と社会、宗教と政治の根本的な結合の上に成り立っていることである。西欧世界では、宗教はせいぜい現実社会の一部分にしかすぎない。しかし、イスラム圏の中近東世界では、宗教は依然として社会全体の根底にあって強い影響力を有する現実であり、所属する宗派に関わりなく誰もがこの現実としてのイスラム教から逃れられない。西欧世界との接触や出会いが活発になってきたここ数十年間で、西欧世界と一線を画そうとするイスラム教の姿勢はむしろ再び先鋭化している。

このような状況が生じる重要な理由として、アラブ諸国における伝統的なイスラム教は全体として相変わらず前産業社会のむしろ古代的な世界認識に根ざして存続してきており、批判的な啓蒙化の過程を経ていないことがある。確かに、イスラム教の保護区域を設け西欧世界の影響に対抗し統制しようとする今日のイスラム教正統派による試みが長期的に成功しうるかどうかは分からない。留意すべきは、イスラム教と現代の世界情勢のいずれにも通じているバッサム・ティビのような学者は、イスラム原理主義をイデオロギーと呼び、イデオロギーは「宗教における文化的象徴を政治的に利用し、重大な政治的動向と共に社会的運動を生み出す」とし、結局はイスラム原理主義も「宗教的現象というよりむしろ政治的社会的現象」であるとしていることである。このような分類を更に突き詰めていけば、イスラムにおいても個人の宗教と社会の生活とを区別することは将来的に避けることはできないであろうし、既にその兆しは見られる。

現在、イスラム教において、開放よりも拒絶的反応のほうが強いことは確かである。このような状況の中、マルティーニ枢機卿はかつて、神信仰が段々と失われていく世界において、キリスト教徒はイスラム教徒が神と強いつながりを有していることを尊敬し、自らの神信仰に応用することを学ぶようにと弁護している。しかしまた、彼は、イスラム教は現代の科学技術からの挑戦に対してイデオロギー的な含意をもって対応すべきであり、宗教と社会、信仰と文明、イスラム政治とイスラム教信仰を明確に区別することを要求する。なぜなら、そうすればイスラム教徒は多元的な現代世界において生き残ることができるからと。

キリスト教は、部分的には痛みをも伴う学びの過程において、すべての人間の権利を認め、尊重し、守ることを学んでいる。これと同様に、イスラム教もまた、人権への関わり、寛容を持った付き合い、すべての非イスラム教徒に対する態度について新たに見直さざるを得ないであろう。ここにおいて、互いに学び合い教え合う中で成り立つ対話の可能性が生じる。

第五章で確認されたこと

1、イスラム教は、紀元後に生まれた世界宗教として、神の最後の言葉を世に伝え、全世界が唯一神の法に従うよう呼びかけると主張する。イスラム教はキリスト教にとって強力な挑戦である。なぜなら、イスラム教は、イエスが成し遂げた救いへの信仰に疑問を投げかけ、その主張によってキリストを暫定的な宗教にしてしまうからである。

2、イスラム教とキリスト教はいずれも、互いと世界に対して、最後の宗教であると自認する根拠を説明する義務を負っている。人間が真の人間性に到る途上で多様な主張を前にしつつ自由に見解を持ち決定をなしうる世界において、意思疎通不能な巨大な一枚岩のごとき存在にならないためには、両者は説明の義務を負うのである。

3、現代においてイスラム教との交流においても必要となる対話を成功させるには、科学、技術、日常生活（例えば道徳、女性の役割など）の中に存する現代的人生観に対するイスラム教の拒否的反応だけではなく、問いかけられた問題に対して多様の仕方で取り組もうとする兆しがイスラム教自体の中にあることにも注目しなければならない。

4、真の対話の前提条件として、善意と尊敬を持って相互に向き合う態度を育成し、自分と同等の権利と価値を有する相手として他者を認める必要がある。このような真の対話は、人権全般の実現のために努力する中で生まれる。

5、世界における人権、正義、平和のためのこのような対話が唯一神によって決定された地平において意味することを、イスラム教徒、ユダヤ教徒、キリスト教徒はそれぞれの仕方で、互いと全世界に対して証言しなければならない。

我々は皆、アブラハムから生まれた宗教（ユダヤ教、キリスト教、イスラム教）だけが人間の生活を規定するのではない世界に生きているという自覚を強めている。これまでは、唯一神への信仰という点でつながっておりその点で親類関係にあるとされる宗教について見てきたが、これらに対する真のオールターナティブとなりうるものがアジアの諸宗教の中で見つかるだろう。

第六章　アジアにおけるオールターナティブ　ヒンズー教と仏教

一八九三年のシカゴ

キリスト教にとって重要なことは、自らと隣接するユダヤ教およびイスラム教との関係を明確にすることだが、これと同時に、西欧世界で具現化されたキリスト教の教えに対する真のオールターナティブはアジアの諸宗教の中に見られることを確認しなければならない。特に、教会によるキリスト教から益々遠ざかりこれに批判的になっている西欧の人々は、アジアに素晴らしいものがあることに気がついている。とはいえ、アジアの宗教性がまず根づいたのは、アメリカ合衆国における、ユニテリアンやユニバーサリストのサークルの周辺であった。

一八九三年にシカゴで万国博覧会が開かれた際、このサークルによって、いわゆる「万国宗教会議」が招集された。特に一九九三年現在、このような万国宗教会議が百年前に開催されたことは意義深く感じられる。そして、シカゴで開かれたこの万国会議は、アジアの宗教指導者たちが公式に参加した西欧世界における最初の大きな会議であった。特に、この会議に参加した二人の人物の名前は現在も忘れられていない。それは、有名なベンガルのヒンズー教聖職者ラーマクリシュナの弟子であるインド人のスワミ・ヴィヴェカーナンダ（一八六三－一九〇二）と、禅の老師である釈宗演の通訳として同行していた日本人の鈴木大拙（一八七〇－一九六六）である。

近代のヒンズー教は、ラーマクリシュナにおいて、その独自性を再認識するに至った。その認識の基盤をなす最も重要なものは、万物の多様性の背後には万物を支え結びつけている一なるものがあり、人間は様々な探求の道によってこの一なるものに近づくことができるという確信である。ラーマクリシュナがインドの人々に語ったことによれば、彼がこのような最終的境地に到達したのは、インドのヴェーダーンタ哲学の様々な方法だけではなく、インドで広がったキリスト教やイスラム教などの他の宗教をも自分の瞑想と秘儀の実践の中に取り入れる立場を取ったからである。ヒンズー的な包括主義が、ラーマクリシュナという一人の人格において表れたのである。

このようなインドにおける一なるものの洞察と結びついていたのが、日本の禅仏教において極めてラディカルに実現された悟りである。悟りは（それを実現した人間の）卓越性を示すものであるが、究極的な一なるものの洞察の道は基本的にすべての人間に開かれている。だが、仏教の実践が中国を経て日本にまで到達したからには、――少なくとも間接的には――中央アジア大陸にもこのような実践が伝わっていないのかという問いも生じうる。とはいえ、とにかく、鈴木大拙はその後、大乗仏教の思想を西欧世界に伝え、多大な影響をもたらした。

西欧世界への影響という点からアジアの伝統的宗教を考える場合、ラインハルト・フンメル（**Reinhart Hummel**）に従い、次の四つの点が考慮されるべきである。第一に、アジアの伝統的宗教の西欧世界への適応とそこから帰結した新たな解釈について問わねばならない。第二に、これとは反対に、西欧圏においてアジアの宗教がもたらした影響を見なければならない。第三に、アジアの宗教の独自性がどれだけ維持され、その独自性が融合や総合の過程の中でどれだけ失われてきているのかを問わねばならない。第四に、アジア的な方法によって答えが与えられうる西欧世界の危機的領域について問わねばならない。その際、まず宗教と科学の関係、更には生態学《エコロジー》の領域まで含んだ健全で「自然な」生の在り様にも目が向けられることになるであろう。

これら四つの点は、明確な形ではないにしろ、以下の考察において常に付随してくるだろう。特に、これらは、アジアに対する我々の関心の性質を決定づけるだろう。アジアの宗教が過去および現在においてどのような形態を取ってきたのかを考察することにより、アジアの宗教は網目のように込み入っており、西欧世界で伝えられ考えられているよりもはるかに複雑であることが確認されるであろう。最初の万国宗教会議から百年を経た現在、我々は改めてアジアについて問う訳だが、これは、アジアについて知られていることを、現代の西欧世界およびキリスト教にとってのアジア的なものの意義についての議論と結合させる試みにおいて果たされうるであろう。

1　諸宗教の母体

a 「ヒンズー教」

インドの宗教について語ろうとする場合、まず幾つかの点を明確に認識しておかねばならない。イギリスによる植民地支配の時代以降、インドの宗教は「ヒンズー教」と呼ばれるようになる。だが、これはインドの宗教史の中から生まれた呼称ではない。すなわち、インドの人々が自分たちの宗教を呼ぶのに用いた名称ではなく、他者が彼らを呼ぶのに用いた名称である。それ故、このヒンズー教という呼称は、実際には過去にも現在にも存在しない統一されたインドの宗教というものが存在するかのように思わせるのである。インドの宗教史そのものは、ヒンズー教という名の下で統一的に見られている姿よりもはるかに複雑である。実際、ヒンズー教はインドに入ってきた他の宗教――パルシー教（ゾロアスター教の一派）、ジャイナ教、仏教、キリスト教、イスラム教など――と対峙しており、決してそれらを統一している訳ではない。ハインリッヒ・フォン・スティーテンクロン（**Heinrich von Stietencron**）は複数形を使って「ヒンズーの諸宗教（**Hindu-Religionen**）」とするのが良いとしている（このように主張している人々は他にもいる）。なぜなら、ヒンズー教はある特定の宗教ではなく、丁度ユダヤ教、キリスト教、イスラム教の場合と同様に、類似しているが互いに区別されうる諸宗教を一つのグループにまとめる呼称として理解されねばならないからである。

ステイーテンクロンは、このような意味でのヒンズー教として、次のものを挙げている。①インダス文明における諸宗教（紀元前約二三〇〇－一七五〇）、②ヴェーダの宗教、③ヴィシュヌ神の宗教、④シヴァ神の宗教、⑤釈迦の宗教、⑥二元論的なアドヴァイタ・ヴェーダーンタの宗教、⑦十九および二十世紀におけるネオ・ヒンズー教である。また、ステイーテンクロンは、宗教研究ではシク教、ジャイナ教、仏教はそれぞれ独自の宗教とされているが、インドの司法ではヒンズー教として一括して扱われていることを指摘している。

ここではこれらの諸宗教のそれぞれについて紹介することはできない。だが、これらの諸宗教は様々な観点から考察に値することを大まかに示しておく。

・インドの諸宗教の原形は概して問われることはなく、特にこれら諸宗教の始源については答えはない。

・最初期のインドの諸宗教については、文書として残っているものはなく、考古学的発見によって知られうるにすぎない。

・これに対して、ヴェーダは、我々に受け継がれている人類最古の宗教的文献の一つである。

・ヴェーダでは、その最初から神々について語られているが、万物の多様性、性、豊穣の背後にある一なるものへの問いが根源にある。

・世界と時間の始まり、堕落と諸悪、ヴェーダ時代以降には、万物を絶え間なく追い立てる輪廻の苦しみの克服、解脱、解放、救いなどの問題が（どれに重点が置かれるかは変化するものの）

ほぼすべてのインドの宗教において見られる。

これと共に、ヒンズー教の諸宗教に見られる重要な共通点も指摘しておく。

・循環的な世界観——後に輪廻がこれに加わる——の強調と、この世の負の束縛の克服の追求

・有史以前の失われつつあるがなお残存している根源的な知、無傷の世界の原形についての根源的な知——これについての古典的な表現がヴェーダの中に見出される——との結びつき

・社会を秩序づける原理としてのカースト制度への帰属

・人格神への崇敬、すなわち——バクティ（敬虔）に根ざしつつ——人格全体が分裂や相違を克服する非二元性（サンスクリット語のアドバイタ）において終止するところに自己を留めること

b 哲学と宗教

西欧世界で理解されているヒンズー教についてはキリスト教と対照的な一宗教としての特徴が先行している事実があることから、ヒンズー教の修行や儀式は見尽くし難い程に豊かなものであることを特に指摘しておかなければならない。インド人でない者がヒンズー教徒になることが不可能であることは一目瞭然である。なぜなら、カースト制度への帰属がヒンズー教徒であることの基本要素であり、その帰属が生まれながらに決定されている限り、社会共同体でもあるヒンズー教への改宗は、極めて困難だからである。ヒンズー社会について西欧世界で広く語られている一連の事柄は、この困難を特有の仕方で和らげて語られているにすぎない。

組織的な階級化というヒンズー教の側面が強調されない場合、言語以外の雰囲気による理念の伝達や、様々な方法を介した実践の普及（例えばヨーガ）がより重視される。実際、寛容、非暴力、平和への意志などの理念、自然保護、日常生活の様々な領域であるがままにあるという態度には、ヒンズー教が大いに関わっている。

更に付言すれば、社会的体制化が容易でない場合、個人は個人であることを要請される。神理解が人間の神構想や（現代的に言えば）神投影へと消失している現代社会では、人間による現実を理解する努力や、人間による現実についての発見が一層強調される。西欧の「無神論的な」人間、すなわち日常生活全般において「神を失っている」、あるいは神なしで活動している人間にとって、アジアにおいて見られるオールターナティブは独特の価値を持つ。興味深いことに、アジアでは、多くのものが、宗教的装いにも関わらず哲学のように彼方から現れてくる。少なくとも、哲学的思考と宗教的実践が強く接しているように見える。

セイロンのイエズス会士アロイシウス・ピエリス（Aloysius Pieris）がインドおよびアジアの状況について叙述していることが、ここで手がかりになる。

「アジアの社会では、文化の中から宗教を取り出したり（ラテンのキリスト教におけるように）、哲学の中から宗教を取り出したり（ヘレニズムのキリスト教におけるように）することには殆んど意味がない。例えば、南アジアでは、文化と宗教は、人生観であると同時に救済の道であり分かち難い救済論の複数の面をなし重なり合っている。哲学は基本的に宗教的世界観であり、また宗教は生の哲学である。」

また更に、

「考察の焦点に再び戻ろう。非聖書的なアジアのあらゆる救済論では、宗教と哲学は不可分に結びついている。哲学は宗教的な見方であり、宗教は生きた哲学である。どのメタコスミックな救済論も、インド的に表現すれば、ダルシャナであると同時にプラティパーダであり、すなわち生の直観と生の道が互いに融合し合っている。実際、仏教は哲学か宗教かという屢々繰り返される問いは、まず西欧で立てられ、マルクス主義を経由してようやく北京に達した問いなのである。」

アジア全域においてそうであるようにインドにおいても、人間の思考と行為のすべてが「救い」という包括的な言葉の背後に隠れているものへと方向づけられている限り、哲学と宗教、哲学と神学、更に宗教と科学は互いに一対をなしている。観照と実践、哲学と宗教、宗教と科学がばらばらになるという西欧で見られる事態は、アジアではあまり見られない。また、それ故、西欧の科学者や技術者がアジアに関心を示すことも不思議ではない。彼らにとって、アジアの宗教性は、西欧において長く知られていなかった知と生の相補性、科学と宗教の相補性という意味を持っている。西欧の人々が科学技術社会における自分たちの職業的営みが真の意味での人間的生を益々分裂させていることを自覚するならば、これらの相補性はより一層持続的な意義を持つだろう。

これに関連して注意すべきは、インドでは「世俗化された国家」を求める要求さえも、西欧社会のそれとは異なる意義を有することである。インドでは宗教や宗教的なものは、包括的な生活の地平であり続けている（この地平の中で様々な生き方や考え方が存在しているとしても）。従って、国家と宗教の分離は考えられない。また、生活におけるヒンズー的な色合いは、インドの人々がヒンズーの行動様式についてのステレオタイプなイメージに対して苛立って反論する場合においてさえも、消えることはないのである。

その典型的な例が、近年アヨドハで繰り返されている抗争である。そこでは、ヒンズー教徒とイスラム教徒が、あるイスラム教寺院（モスク）の場所——それはラーマの生誕地と言われる伝説の地に建てられることになっている——をめぐって対立している。一九九二年に両者の対立と破壊がインドの政治的危機となったことはよく知られている。この抗争は、寛容で非暴力なインド人という西欧で広がっているイメージと合致しない。包括的な思考形式が強いる暴力性を認めるなら、先のような抗争も理解できる。

c 「包括主義」（Inklusivismus）

インド学者パウル・ハッカー（Paul Hacker）によって持ち込まれた「包括主義」という概念が重要であるのは、この概念は——正しく理解されるならば——インドの宗教現象の記述という表面的な試みに留まらず、価値評価にまで及ぶからである。スティーテンクロンが多くのヒンズーの諸宗教を評価して引き出した結論を、ハッカーは自分なりに組み合わせて考察し、「同質なものと異質なものの対立」という観点を明確に打ち出した。彼は自らの見解を次のように述べている。「包括主義は、インドの宗教、特にインドの宗教哲学の領域における諸事実について記述する際に私が用いる概念である。包括主義とは、異質な宗教や世界観のグループの中心的概念が、自らが所属するグループの各種の中心的概念と同質であると説明するものである。大体において、異質なものを自らと同質であると説明し、何らかの仕方で従属させたり下位に置いたりする主張は、明示的になされるのであれ暗示的になされるのであれ、包括主義とみなしうる。だが、更に進んで、異質なものが自らと同質であることの証明はほとんど行われない。」

初期のキリスト教もこれと類似の問題に直面した。キリスト教はその初期には他の宗教や哲学と対峙しており、これら異質なものが有する貴重なもののうち同質化しうるものよりも、利用（ギリシア語の chresis）しうるものを探すことのほうが多かった。けれども、インド世界では、異質なものの中に含まれている同質なものの再認識が要求される。だが、これに伴い、多くの場合、異質なものの異質なものとしてのアイデンティティが隠される。異質なもののアイデンティティが奪われる。そして、もし異質なものがそのアイデンティティを隠されたり奪われたりすることに抵抗するならば、衝突はほぼ避けることができない。

ウィーンのインド学者であり哲学者でもあるゲルハルト・オーバーハンマー（Gerhard Oberhammer）は、自らの思考を更に深めている。まず、改めて思い起こすべきことは、インドにおいて見られるあらゆる思索力については、純粋に思弁的・哲学的な作業に尽きるものではなく、むしろ「宗教的土壌」と呼びうるものと関係していることである。それは常に、宗教的な根源的体験とその言語化、また神話的なものや行法－実践的なものとも関係している。このような意味で、第二ヴァチカン公会議は、ノストラ・エターテの第二項で、ヒンズー教について次のように述べている。

「ヒンズー教において、人びとは、汲み尽くすことができないほど豊かな神話と、哲学上の鋭敏な努力をもって神の神秘を探求し、表現する。また、かれらは、あるいは種々の様式の修行生活、あるいは深い瞑想、あるいは愛と信頼をもって神のもとに逃避することによって、われわれの存在の苦悩からの解放を求めている。」（訳註：『公会議公文書全集』（南山大学監修　中央出版社）参照）

本来ならばここで神話的なものの理解について詳しく述べなければならないところであるが、基本的に議論の余地のない幾つかの事実を指摘するに留めざるを得ない。

1　神話は、純粋な推論により獲得された洞察ではなく、意味と救いについての経験を言語で伝えるものである。

2　神話は、特定の伝統的社会にとって、責任を伴って信仰される構想となり、このため、人間が根本的な無意味性や間近な死に脅かされる場合に一層新たな価値を発揮する限りにおいて権威となる。

3　神話は、それが最終的な究極性を主張しない場合、別のより良い神話化へと開かれている。

オーバーハンマーによれば、このような神話化は、超越体験の企画として、信仰意識により受け継がれ展開される。諸々の神話化は、口承されてきた経験の文脈の中で、相互に影響を与え合い、同時に宗教的超越体験の展開を可能にする。

だが、オーバーハンマーは次のことに注意を促している。この種の神話の「継続する歴史」は、次のような場合に堰き止められる。すなわち、——キリスト教のように——ある歴史的出来事の明白性と絶対性に基づく信仰の証言が——神学の側ではこれを神話化と認めようとしないが——神話化によってすら限定されたものとなり、他によって凌駕されないものとなる場合に。そして、ここに、ハッカーがキリスト教に包括主義的な態度を見ず、むしろ **usus iustus**、すなわち他の宗教の神話化の適切な利用しか認めていないことの本当の理由を見ることができる。勿論彼は、それと共に、宗教現象の記述から信仰告白を志向した考察へと移行している。純粋な記述の向こう側で、キリスト教という特定の宗教の神学の視点からの「包括主義」は、一つの評価カテゴリーと化する。

d　中間的なまとめ

ここで、中間結果という意味で、これまでの考察を一つにつなげてみたい。

・キリスト教の史的イエス（ナザレのイエス）との結びつきは、歴史における一つの明確な出発点をキリスト教に与え、これにより神話的なものの中にある多数の出発点を追い越す。正にこれが故に、ナザレのイエスにおける神の自己啓示の唯一絶対性と凌駕性を否定する者にとっては、神話への回帰が、可能な選択肢として残される。その場合、「インド」は、「ヒンズー教」と同様に、主体的な生の克服の道における思考だけでなく行動の方法の豊かさの鍵を握る暗号となる。

・神話が人間の洞察と表現力とを結びつける場合、人間的関与が強調されると、哲学的営みへの移行が生じやすくなり、その結果、哲学が宗教から生じたりあるいは宗教の後を引き継ぐものとなる。人間の救いや幸福と呼ばれるものを哲学によって実現したいという要求は、これに反するものではない。だが、救いが洞察やこれに伴う認識――ギリシア語のグノーシス――において探究されることは稀である。

・西欧人がキリスト教の使信から離れて、他の宗教、特にアジアの宗教においてキリスト教と対照的なものを探し見出す場合、ヒンズー教、仏教あるいは中国の諸宗教について描くイメージが幻想でないか、本当に歴史的現実に即したものであるかを吟味しなければならない。宗教学が歴史や現象学の領域において行うより詳細な調査が示すように、現在アジアの宗教性の取り扱い方には、狭い視野に立ったり、より好みをしたり、誤った仕方で理想化することが広く行われている。

・キリスト教神学にとって重要な問題は、――先に見たことと類似するが――啓示や救いというキリスト教の中心概念がインドの諸宗教の複雑な現象学に何処まで転用されうるかということである。見かけ上の類似性は、相違が異物や障害因子として感知されても結果的には無視され飛び越されるといったアポリアにつながることも稀ではない。その場合、諸宗教を安易に均一化し、より合理的な一つのものに混ぜ合わせるといった危険も、もはや否定できない。

2 仏陀の道

a 三宝

西欧で影響力を有するアジアの宗教の中でも、仏教は特別な意義を与えられている。だが、正にここで、宗教学は、仏教をキリスト教のオールターナティブという見方の下で考察する場合に陥りやすい視野の狭まりに注意しなければならない。というのも、結局、否定された世界観の視点だけから異質なものを見て、この世界観を代替するものとしての側面を強調する危険があるからである。その場合、本来は異質な出発点が、二次的なものに留まってしまう。

今日、あらゆる宗教は、自らの使信を、できるだけ分かりやすく開かれた仕方で伝えようと努力している。キリスト教ではこの数十年来、信仰の簡潔な表現について話し合われている。膨大な教理問答さえも、このような方向で検討されている。信仰の独自の簡潔な表現は、仏教においても認められる。ここでは特に、仏教の聖典の最古層に見られ、仏教の儀式の中でも重視されているもの、いわゆる「三帰依」、「三宝」を示す。

「私は仏陀《ブッダ》に帰依し奉る。

私は達磨《ダルマ》に帰依し奉る。
私は僧伽《サンガ》に帰依し奉る。」

悟りを体現した歴史上の人物である仏陀《ブッダ》、世にあまねく広がる法輪である達磨《ダルマ》、仏教徒の共同体である僧伽《サンガ》は、仏教徒の遁世の場を形成すると同時に、ブッダの弟子であることを証明するものにもなっている。仏教徒が自分の宗教について述べようとする場合、この三つの要素について語らねばならない。仏陀の道が広まり、時代が進んで様々に分派しても、このことに変わりはない。しかし同時に、三宝は、それぞれが持つ特性において、キリスト教に新たな光を当ててくれる。そこから、キリスト教と仏教の有意義な対話が生まれるであろう。

・仏陀《ブッダ》

仏教は、ヒンズー教全般と異なり、一つの歴史的出発点を有し、この出発点はゴータマ・シッダールタ――出身部族にちなんで「シャカムニ」、また悟りの体験の中心部分にちなんで「ブッダ」と呼ばれる――と結びついている。この教祖の生涯は、今日に至るまで学術的議論の的となってきたが、ともかくそれは紀元前五ないし六世紀に遡る。ただし、その場合、以下の点に特に留意すべきである。

・ブッダは、ヒンズー教により特色づけられた歴史的背景の中で見られなければならない。これは、一神教信仰という地平は、キリスト教徒と仏教徒の共通の枠組みになり得ないということである。従って、ブッダの「無神論」が長らく広く語られてきたが、これは再検討を要する。

・ブッダにとってヴェーダとカースト制は規範としての意義を持たなかったという事実は、後世の仏教が宗教の道としての独自のアイデンティティを与えられることの本質的根拠である。この道の出発点は、ブッダが自ら模範を示した根源的解脱の霊的な道、すなわち根源的自由、ニルヴァーナ（涅槃）あるいは悟りの体験において実現が見出される道である。

・悟りが死と同時に生じるのではない限り、知恵の体験の光の中で変革された生にとって、同胞や世界のために同苦の献身をすると共に救われていない無明の世界の解放のために身を投じる余地が残っている。知恵と同苦は、いずれも、ヒーナヤーナ仏教（小乗仏教）、マハーヤーナ仏教（大乗仏教）、またチベット仏教（密教）においても重視されている特別な二つの心構え（姿勢）である。

・**達磨《ダルマ》**

知恵のない無明の世界へ向かうことは、悟りの状態に固執せず、真理を伝え、法輪（ダルマ）を転じさせたブッダの生涯においても表されている。「ダルマ」は、ブッダという称号と並ぶ仏教の中心概念であり、様々に理解され、また言語化して伝えがたい様々なニュアンスが与えられており、世界の理法、あらゆる存在において働いている秩序を示している。

ブッダが説いた教えそのものは、いわゆる「四聖諦」の中に不変の表現が見出される。その洞察は、第一の真理を出発点とする。

「一切は苦である。すなわち、生まれることは苦であり、老いは苦であり、病いは苦であり、死は苦であり、好まぬ人間に出会うのは苦であり、愛する人間と別れるのは苦であり、望むものを得られないことは苦である。要するに、五蘊（色、受、想、行、識）は苦である。」

これと併せて、無常の体験――これは確実な死の予見に極まる――が、仏陀の道の出発点となっている。

無常の体験は、続く第二の真理、すなわち苦の原因の規定において提示されている。苦の原因は、まず「渇愛」の概念によって、更に「無知」、より正確には「無明」の概念によっても説明される。

「渇愛は、輪廻の原動力であり、快楽とむさぼりを伴っている。むさぼりはここかしこでこれを満たそうとする。すなわち、快楽への渇愛、生存への渇愛、変化への渇愛がある。」

「渇愛」には、無常の克服の欲望さえも含まれる。だがその場合、渇愛は――それは無明を特徴とする――無常そのものに向けられる。その結果、人間は、逃げることのできないとらわれの網に取り込まれる。西欧人が認識すべき重要なことは、輪廻の教えはここでは避け難い鎖につながれていることを示す否定的な徴候となっていることである。

これに対置するものとして、ブッダは第三の真理において、喜ばしい使信として自らの解放の体験を示している。

「輪廻の鎖から逃れる道がある。それは、欲を完全に無にすることによる渇愛の消滅である。すなわち、欲を追い払い、それを捨て去り、それから自由になり、それが存在する余地を与えないことによる、渇愛の消滅である。」

「ニルヴァーナ」（涅槃）の背後に隠されているのは、自らの我をも含む一切のとらわれからの自由の体験であり、死の克服であり、悟りである。

この使信は、当然ながら、苦の克服の道を問う者によって「悟られる」。第四の真理は、簡潔な表現で、所謂「八正道」を説く。

「この聖なる道は、八支からなる道である。すなわち、正見、正思、正語、正業、正命、正精進、正念、正定である。」

中道、すなわち過少と過多の中間を求める道が重要である。中道は、原則として、人倫の道（八正道の中の第三から第五の道）と瞑想の道（第六から第八の道）として示される。また、その前には、知恵の道に入るための二つの道（第一と第二の道）が置かれている。仏教における倫理的な行動は、その具体性において他の諸宗教においても見られる行動とどれほど一致していようとも、八正道の第二および第六の道を通じて仏教固有の救いの探求と関連し結びついている。

・僧伽《サンガ》

三宝の最後のものは、ブッダによって伝えられた死の克服と解放の道を完全に信頼してこれに励む男女からなる共同体である。先に指摘した通り、仏陀の道は基本的に、どのカーストに所属するかに関わりなく、すべての男女に開かれている。ただし、その場合、次の二つのことを看過してはならない。

・第一に、仏教の歴史は本質的に、二つの傾向の間の緊張関係によって形成されている。二つの傾向とは、エリート化という確固たる傾向と、基本的にすべての人間に開かれている解放の可能性の使信の回復という傾向である。キリスト教における自己修練のラディカルな形である修道院制度（男女により実現された）との類似性が語られるが、ただしこのような比較が許されるのは、一切のものを捨てるという根本的な姿への修練が重要とされる限りにおいてのみである。一切を捨てることは、しかし、孤立し結びつきを持たない生にもなりうる。

このような生の形態が僧位制につながるなら――これは仏教の中で必ず見られるが――、対抗策が取られねばならない。その例は、少数のエリートのための所謂「小さな乗りもの」（ヒーナヤーナ仏教）から救いの普遍性を取り戻そうとする「大きな乗りもの」（マハーヤーナ仏教）への変遷において見られる。これと同様の変遷の過程は、大乗仏教の内部においても見られる。すなわち、瞑想を重んじる仏教は、阿弥陀仏の共苦（慈悲）を信仰する衆生のための阿弥陀仏教によって補われ完成される。更に、阿弥陀仏教の内部においてさえ、今世紀になって――特に日本では――、国際的に活動する大規模な一般信徒の組織である立正佼成会と創価学会が、救いの普遍性を再び強く主張するようになっている。一方は「世界宗教者平和会議」でも長年にわたり主導的に活動している庭野（日敬）会長が率い、他方は日本で強い政治的影響力を有している。

一切を捨てることを強調すると、当然ながら、仏教においても、個人と、どちらかといえば拘束がゆるやかな共同体である教団との間の緊張が強まる。仏教は他の宗教的共同体と対峙する場合に初めて、より明確な性格を持つ社会的集団になる。個人主義の西欧人にとって、仏教のゆるやかな結びつきは、キリスト教の教会の様々な形での社会化のオールターナティブとして受け入れやすい。

・第二に、おそらく現代になってようやく諸宗教間の対話への有意義な出発点が生じていることである。ブッダの姿において一人の人間が死を無化する自由への飛躍の基礎となるという事実は、世故経歴のあらゆる領域を見渡せば、永続的に、人間に対して特別な品位を与えるであろう。僧伽《サンガ》もまた人間の共同体であり、そこでの互いの関係は、無明の中で解放されずに生きる人々のそれのようでありながら、しかし世界の他の生き物との関係とは異なるものとして規定されなければならない。このことを敢えて指摘するのは、人間があらゆる領域の生き物との結びつきを回復することで、人間に特有の権利の規定ではなく、むしろ生き物間の共通性が問われることが稀ではないからである。しかし、人間は、世界と人間自身に対する責任を託されており、理解力を有していない他の生き物にこの責任を委ねることはできない。

b　仏教とキリスト教

最後に、キリスト教と仏教の関係の考察に戻らなければならない。近代において仏教が西欧に及ぼした影響は、ヒンズー教のそれと同様に、本質的にキリスト教による批判的な時代的立場によって規定されていたので、例えばドイツでは仏教の歴史に即さずに研究を始めることが当然であった。というのも、本来の仏教を伝えるためにあらゆる努力がなされたが、まずこの努力が行われている宗教の比較の枠組み自体がキリスト教的なものであったからである。だが、インドの諸宗教が現代になって初めて西欧の諸宗教への適応を強いられていることを考えれば、対話において異質なものをそれ特有の起源や環境から考察することが絶対に必要である。そのためには、少なくとも、仏教の場合、仏教で強調されている仏教信仰の「簡潔な表現」を念頭に置き理解することである。

とはいえ、これは、キリスト教徒は仏教の正しい理解のため、今日の世界情勢において要請される行為を顧慮し、自らの根本的選択と仏教の根本的洞察を調和させるということではない。たとい世界のありようを問うといった人類学的な問いを共通の出発点とするにしても、キリスト教徒が神について沈黙する必要はないのである。

確かに、仏教で認められるような解放（離脱）への呼びかけはラディカルなキリスト教信仰の理解の中にもない訳ではなく、この呼びかけは、人間の意のままにならない大いなる奥義を前にした場合に共通して見られる沈黙を呼び起こしうる。神秘思想と瞑想は、その間にも、諸宗教が出会う共通の領域となっている。

それぞれの道の尊重は、ナザレのイエスにおいて神が人となったという純粋なキリスト教の使信に対してもなされる。神の受肉を神が自身の中の他なるもの、従って根本的に隔たっているものにおいて現れることとして理解し、神のケノーシス（自己空化。フィリピの信徒への手紙二章に見られる）を仏教のシューニャターすなわち空の教えに照らして解釈するという試みは、正に両宗教間の新たな共通性を切り開く。

人間と他の被造物を根本的に救い連帯させるものとしての神の自己放棄（ケノーシス）というキリスト教の教えが今日において共鳴を得られるのは、全世界で権利を奪われている人々や人間の尊厳を喪失している人々に対する共苦と無私の愛において獲得される知恵が、仏教の側でも続いていく場合においてである。これとは逆に、放下、内省、沈思への呼びかけが刺激となって作用するのは、人間の実存の形成が人間の自発的コミットメントと優先的に結びつけられると思われる場合においてである。

ベルリンのフローナウには、一九二四年以来、医師のパウル・ダールケ（一八六四－一九二八）によって創設された仏教センターがある。ロマーノ・ガルディーニは、ここで仏教に接したと思われる。彼がその著書『主』の中でブッダについて述べていることは、キリスト教徒によるブッダの記述として考察に値するものであることに今でも変わりはない。

「人間がなしうることは、世界内でなしうることのみである。人間は与えられた可能性を発展させることができ、存在するものの状態を変化させ形作ることができる。人間は全体としての世界に触れることはできない。なぜなら人間は世界の中に存在するからである……。ただ一人、存在自体に触れることを真剣に試みたのがブッダである。彼は、単により良くなるとか、世界を脱して平安を見出すという以上のことを望んだ。現存在のうちにありながら現存在そのものを釣り上げようという理解し難いことをブッダは企てたのだ。ニルヴァーナ（涅槃）、悟り、無知蒙昧な生の終結ということによってブッダが言わんとしたことを、キリスト教的に理解し判断を示した者はまだいない。もしこれをやろうとするのであれば、キリストの愛によって完全に自由になり、しかし同時に主イエスの誕生よりも六百年前に存在したあのブッダという神秘に満ちた人物と深い畏敬の念によって結合されていなければならないであろう。」

第六章で確認されたこと

1、キリスト教とは別の生の道や生の意味の答えを提示しうるもの、すなわちキリスト教のオールターナティブとしてキリスト教自体を多くの答えの中の一つの答えとしてしまうものは、キリスト教と類縁関係にある宗教（ユダヤ教とイスラム教）よりも、アジアの諸宗教において、より明確に見出される。

2、アジアの諸宗教の道の魅力は、まず、別の立場から神の問題を問う点にある。この立場は、西欧の視点から見れば、最終的に、西欧思考における神の問題の喪失とさえ接点を有している。次いで、これらの諸宗教の魅力は、科学技術によって規定されている現代人の生の営みを補完し、瞑想や放下における内面化や自己発見へ導く点にある。

3、キリスト教は、アジアとの出会いにより、まず、失われたものや忘れられたものを再発見する過程を開始し、次いで、アジアを視野に入れることで、自らのキリストへの信仰の新しい側面を発見しうる。「ケノーシス的なキリスト論」と「宇宙的なキリスト」は、二つの深化する反省過程を示すものである。

本章では、アジアに目を向け、現代において世界中で活動している諸宗教の周辺状況を明らかにすると同時に、キリスト教の多元的な周辺状況も明らかにした。この後は、現代社会において同質なものと異質なものの緊張関係にどのように取り組むべきかを問わねばならない。自らに閉じこもる閉鎖的な「原理主義」は、アイデンティティの喪失と同様、未だ解決が見出されていない危険な問題である。

第七章　原理主義と融合主義の間

スローガン

スローガンは、その時代の自明の常識に属するものであるため、誰もが分かるに違いないという印象を生じさせる。それ故、その意味を詳しく説明する必要もない。スローガンが時として政治的な扇動や社会的な世論操作の手段として利用され、その主張内容を受け入れない人々が社会の周辺へ追いやられるといった現象は、それほど考察するまでもない。スローガンを使えば、人に打撃を与えたり、黙らせたり、社会的に追放したり抹殺することができる。スローガンは、政治の領域で、しかしまた宗教やイデオロギーの領域でも使用され、その場合に特に危険なものとなる。これを示す例は歴史において数多く見られる。

立場によって否定的な意味を持つスローガンとして、まず「右派」と「左派」、「保守的」と「進歩的」などの両極の立場を表すもの、更に、今日では「多文化的」、「家父長的」、宗教ないし宗教間の領域では、「教条主義的」、「二元論的」、「呪術的」、「神話的」などがある。言葉の深みの喪失、「~と言われている」といった匿名表現での言語操作、また特に今日における画像・視覚メディアにより蔓延する新たな文盲化への退行現象は、多様な立場の人間の間でのコミュニケーションが要請される時代において、危険な障害要因となっている。

しかし、その場合でも、スローガンは、生きながらえる。単純化によって、また多くの高度な技術のコミュニケーション手段の使用によって、スローガンは共感され受け入れられる。生活の中の多くの出来事の複合性や複雑性を目の当たりにして、スローガンは共感され受け入れられる。スローガンは屢々破壊的に作用し災いに満ちているにも関わらず、受け入れられる。政治は宗教と同様に――あらゆる面での相違にも関わらず――人間の助けになるとされてきた。だが、政治と異なり、宗教は、人間に、生の完成と充実につながる包括的な意味づけと方向づけを約束する。ここでしかし問いが生じる。すなわち、個々の宗教は他の諸宗教と対峙する時に如何にして自らの真価を確証できるのか、今日の多元主義においてそれは如何にしてなされるのか?

この問いに対して、二つの対極的な答えがある。これらはそれぞれ現代において主張されている様々なスローガンの下に隠れて存在している。すなわち、自己同一性(同質なもの)を絶対的に守り、閉鎖的に引きこもろうとする立場である「原理主義」と、自己同一性を喪失するまでに多様性へと開かれ、最終的には対話的なパートナーシップの崩壊によりコミュニケーションがなくなる立場である「融合主義」である。確かに、原理主義と融合主義というスローガンもまた単純化ではある。しかし、これらが危険であるのは、その背後に隠れている態度が非和解的であり相互に対立しているからである。とはいえ、これらについて考察することに意味があるのは、対極的なものの交差点には本当の正しい道が存在することが多いからである。

1　原理主義

a 「闘争概念」？

原理主義が広がる傾向に対する反論として、メルクール（Merkur）（四十六巻（一九九二）第九、十号『反近代？』）の編集部は次のように述べている。

「原理主義者——それは常に他者である。すなわち、不安に駆られた者、視野の狭い扇動者であり、近代の矛盾や要求を前にして宗教・イデオロギー・狂信による安全性に逃げる者である。彼らを不安にしているのは、現在に対する否定論であり、今現在の個人および集団の生活設計の粉砕と無価値化である。統一性や全体性が熱望されるが、そのようなものは存在しなかったし、理想化された過去においても存在しなかった。」

「原理主義」は学問において形成されてきた概念ではない。この概念は、近年では、「政治的な闘争概念」として、論争において特にイスラム教に対して使われる。だが、北米の保守的なプロテスタント信徒たちが一九一〇年から一九一五年にかけて、『ファンダメンタルズ』という冊子を発行し、自分たちの運動を「根本主義」と称した時から既に、この概念は論争的概念であった。彼らは、その冊子において、当時の神学的・文化的・政治的なあらゆるリベラリズムに対して、また歴史に基づく批判的な聖書解釈に対して——あらゆる進化論に対して創世記の字義的理解を支持するため——、最後にはエキュメニズム運動のような諸宗教間の対話における融合主義に対しても、論争をしかけた。これと類似の運動として、近代の影響がキリスト教の中に及ぶのを防ぎ保護する運動が、第二次世界大戦後にはキリスト教教会において、第二ヴァチカン公会議後にはカトリック圏内においても生じた。例えば、ヴォルフガング・バイネルトが戒めとすべき例として考察している三つ運動は、ルフェーブル大司教によって設立され彼の退任と同時にローマ・カトリック教会によって承認された聖ペテロ兄弟会、神のわざ（Opus Dei）、そして天使のわざ（das Engelwerk）である。

カール－ハインツ・ボーラー（Karl-Heinz Bohrer）とクルト・シェール（Kurt Scheel）は、原理主義という概念を、狭い宗教世界の中に限定せず、より広く理解している。その際、政治的・文化的・経済－環境的な運動——特にそれらが宗教の代替物となっている場合——も含まれるとされ、従って原理主義は現代史全体の中の一現象とされている。

「今世紀の始め以来、西欧で現れている様々な救済論は、明らかに原理主義的な性質を帯びている。これらの運動の中で最も攻撃的なものであったドイツのファシズムは、国家を新たに近代的な仕方で組織しようとしていた。これは、つまり、原理主義は前近代的なものではなく、むしろ近代に含まれており、啓蒙的な西欧の思考、つまり我々の思考の中に含まれているということである。

では、現代はどうであろうか。自然『そのもの』というキメラを追いかける環境運動における原理主義に対して警告を発することは正しいだろうか。あるいは、逆に、社会主義が崩壊した今、資本主義や『市場の自動調整力』にすべてを期待するといった経済的な原理主義の危険はなくなっていないのではないか。」

原理主義の概念のこのような拡大は、一方ではこの概念の本来の宗教的意味を軽減するが、他方ではこの概念の適切な理解と使用を呼びかけるものとなる。

b　原理主義という概念

教会の中には依然として躊躇の声があるにしても、政治学者トマス・マイアによる原理主義の定義の試みは、広く支持され屡々引用される。彼はドイツ連邦共和国において、政治的な原理主義と同様に、生活世界における原理主義や文化的な原理主義をも経験したのだが、後者二つの原理主義は次のようなものである。

「原理主義は、孤立しようとする恣意的な運動であり、思想・行動・生活形態・共同体の全般的な開放という近代化の過程に対する内在的な対立傾向として、あらゆるオールターナティブへの非理性的な呪詛によって、絶対的な確実性、信頼しうる安全性、確固たる足場、疑いの余地のない方向づけを取り戻さなければならないとするものである。

原理主義は、自ら思考し、自ら責任を持ち、理由づけの義務を負い、不確実で開放的であること――妥当性の要求、支配の合法化、思考や生が啓蒙化や近代化に不可逆的にさらされている生活形態など、これら一切に伴う――を要求される状態を出て、自ら選んだ絶対的原理の安定性や閉じこもりの中へ自らを追いやるものである。この絶対的原理の前では問うこと一切を再び停止すべきであり、これにより絶対的原理には絶対的な足場が与えられる。同様に、この絶対的原理の前では他のすべてのものは再び相対的になるとされ、これにより絶対的原理は相対化を免れる。この絶対的原理に依拠しない他の人々からの論駁や懐疑、また彼らの利害や権利はもはや考慮されてはならない。」

ここで定式化されているものは、それ程相違なく、北米の根本主義――つまり聖書が持つ霊感における絶対的確実性、神学的「事実」の固持、疑いの余地のない世界観への志向――にも、またカトリックの原理主義の諸例（例えば、ルフェーブル大司教は、トリエント公会議で決定された礼拝儀式について独自の解釈を行い、この儀式は、他のあらゆる儀式の発生を終止させ、また現代に至るまで正統な理論の発生を斥けるものであるとしている）にも適用されうるし、更には、イスラム教の原理主義、ヒンズー教の原理主義にも適用されうるが、しかしその場合、これらの政治的および文化的な形態にも適用されうる。トマス・マイアも原理主義をこのような意味で使用している。

「原理主義は、概して、近代主義がもたらした約束と要求との間の矛盾にもはや耐えられなくなった場合に起こる。だが、近代主義により、例えば、最新の工業化文明において、黙示録に書かれていることが可能であるかのように思われる場合、原理主義はその役割を容易に果たす。原理主義は単に啓蒙化された思考が果たすべき約束とその限界から帰結するものではない。原理主義は、近代世界において可能な生の形態を問うものでもある。原理主義は近代化自体の裏面でもあるのである。」

従って、今日の原理主義の様々な形態は、啓蒙化ないし諸々の近代主義への反対運動であるという点で一致している。特に今日、このような反対運動に特徴的な契機は、近代主義において発生した多元主義の様々な様式への反応である。望もうと望むまいと、原理主義は近代主義を土台として活動せざるを得ない。今日の生活活動からの前近代的・脱近代的な領域への退出は、もしそういったことがなされるとしても、見かけ上なしうるにすぎない。これは、宗教的動機に閉じこもりながらもできれば何らかの形のインパクトを残そうとするあらゆる原理主義を前にして言わねばならないことである。

しかし、これとは逆に、——既述したように——近代主義の信奉自体が、原理主義的な性格を帯びることがありうる。こういったことは、今日、様々な場面において顕在化している。すなわち・近代の西欧の植民化の歴史を冷静に吟味すれば、陰に陽に現代に至るまで世界中で影響力を有しているデカルト哲学的な自己中心主義がその複層性の故に、今日でも不可避的に顔を出す。西欧的な自己は相変わらず至るところで容赦なく敬意を強いている。

・自然科学と科学技術による合理性や科学性の独占的支配もまた長い間原理主義的なものであった。だが、合理性と科学性は、包括的な理性という理念の回復によって、また科学のプロセスにおける倫理的行動のルールの追求によって、しかしまた正当なカウンターパートとしての知恵の発見によって、初めて、実践志向の合理性へと緩和されると考えられ、恐らく最終的に実際に克服されるであろう。

・道具主義的な近代主義の作用は、北半球と南半球の間の経済格差に本質的に関係しており、今日世界中で告発されている生態学的な破壊現象をもたらしたのであり、その余の契機としてここで指摘されるべきである。

原理主義の宗教的形態と政治的形態の相違の発見は、更に次のことに注意を向けさせる。すなわち、今日の原理主義という現象は、個人的かつ社会的な包括的問題を指し示しており、この問題は国際間、諸文化間、諸宗教間といった「間」（inter）においてその解決が求められるべきであるということである。問題をこのようにして解決することは、この現象を宗教的および社会的生活の周辺的な現象の形態へと分類し限局することによってまとめようとする試みよりは、優れている。更に言えば、どれ程多くの現代人が生のゆるぎない原理を実際に要求しても、誤った恣意的な境界づけの監視は見落とされる。「原理主義」は常に原理への要求を含んでいる。しかし、様々な原理主義を前にして、如何にしてこの問題に取り組むべきなのか?

この問題に向かう前に、まず（原理主義と）反対の立場について述べられるべきであり、その極にある融合主義について述べよう。

2　融合主義（Synkretismus）

a　概念

レオナルド・ボフの著書『教会　カリスマと権力』の中に「融合主義のための弁論」がある。それによると、融合主義の概念についての評価も一定ではない。長い間むしろ否定的な位置づけをされてきたこの概念はその由来が既に一様ではない。融合主義の由来についての代表的な試論には次の二つがある。

・プルタルコスによれば、この概念は、互いに対立し合っていたにも関わらず共通の外敵に対して武装して戦い得るべく団結したクレタ島民がとったような行動を指している。

・十七世紀には、古典ギリシア語において裏づけを見出せないものの synkerannymi という動詞（混ぜるの意）に由来するという試論がなされた。これにより、この概念は、明らかに否定的な含意、すなわち本来は互いに関連のない、特に世界観的‐宗教的教説や思想体系の融合に対して用いられるという含意を獲得した。

興味深いことに、カール・ホーアイゼルもこの概念について次のように述べている。すなわち、キリスト教神学において、融合主義という概念は、諸宗教は基本的に一であり同一であり、そのため任意に変換可能であるという思想に対抗するための「闘争概念」として発展してきた、と。宗教学はこのような立場を取らなかった。宗教学はむしろ、融合主義に対する価値判断を控え、諸宗教の体系および象徴の融合や同一視はどの時代にもあったという中立の立場を取った。このような宗教学の認識によれば、他の宗教の伝統を利用し役立てなかったような既成宗教は存在しない。

ここでまた問いが生じる。すなわち、融合主義という概念は、例えばヘレニズム時代におけるオリエントの宗教とギリシア・ローマの宗教との融合といった歴史上の特定の現象に限って使用されるべきなのか、それとも今日経験されている宗教多元主義についても当て嵌められるべきなのかという問いである。本来であれば融合主義と名づけられたであろう歴史的現象は現在との間に大きな距離があるため、その現象の底にあった感情的響きは相当に抑制されており、融合主義が有しうる多面性がより冷静に分析されうる。

b アプローチ

宗教史や社会学では、宗教間および宗教の諸領域間において可能な共生や統合が数多く示されており、これらはいずれも厳密には融合主義ではないがこれに近いとされるものと関わっている。ボフの融合主義のための弁論の中で示されている幾つかのキーワードが——筆者が変更を加えたものでしかないが——ここでは道しるべとなり得る。

・付加

ブラジルでは、今日、カトリックのミサにも参加し、霊能者のところにも行き、アフリカ系ブラジル人の宗教集団の儀式にも出るといったことは珍しくない。その場合、これらの宗教形態は互いに付け加わったり広がりながら並存しており、これら三つのどの要素によっても規定されない新たな形の宗教的アイデンティティが生じることはない。同様のことは、日本において神道と仏教という宗教形態が並存している状況を見ても指摘しうる。日本では、この他にも、複数の宗教に参加することは珍しくない。更に、新宗教の活動が拡大しており、複数の宗教への帰属という問題は我々にとっても無縁ではない。

・適合

勝者の宗教を敗者が受容することは歴史において珍しいことでない。このような受容は、キリスト教にとって、西欧の植民地政策および宣教政策をめぐる議論において、これらの政策がいわば外側から評価されている限りにおいて、何ら問題とならない。だが、今日、正当な文化の移入や受容（インカルチュレーション）と、自らのアイデンティティを放棄した上での異文化への没入との間の境目についてよく考慮する場合には、このような受容も見落とされないのである。古典的な例として、中国における典礼問題がある。今日、相互の改宗という問題が議論されているのには理由がない訳ではない。

・混合（Vermischung）

極めて多様な起源を有する神々の無秩序な並立や乱立に対してなすすべがないことは、古代の地中海地域、インド、極東を含むアジア大陸における神々の混合を知る人には分かることである。だが、これは過去の現象だけに見られるのではない。折衷主義的な手法による混合、すなわち諸宗教の中から自分に合うものを選び出すことを救済者の「異端」への理解――「異端への強制」――という意味において認めるという手法は、今日西欧でも益々広がっている。このような立場は、諸宗教の中の消化できず理解できないものが切り捨てられても、人間は結局は単に非宗教的なものではないという立場につながる。この種の融合主義は、必ず、既存の宗教体系のアイデンティティ部分を解体し剥奪する傾向を有している。この種の不安は、キリスト教の内部における、エキュメニカルな交流にも見られる。交流に対してカトリック教会が取っている慎重な姿勢は、こうしたことも考慮しつつ、もっと明確な形で議論されなければならないであろう。

・調和

世界の諸宗教の共通性の総合としての単一の世界宗教の構築が試みられる場合、やはり個々の宗教のアイデンティティが失われることになる。フランツ・クサーヴェル・カウフマンは、この文脈において、フリチョフ・カプラスの著作を、「自然科学と精神科学、東洋と西洋、世界と魂を一つの統一性へと考え合わせようとする新たな融合主義」の徴候が見られると表現している。神学においては、いわばエスペラント的な宗教を作ろうとする試みに反対して、真に神学的な契機、すなわち自らを啓示し「言葉となって現れる」神に出会う契機が、今日もっと明白に強調されなければならないであろう。

・翻訳

翻訳の過程において元々は異なる宗教のものである用語を使用する場合、融合主義はむしろ誤った概念となりうる。翻訳の過程が如何に重要であるかは、キリスト教とインドの諸宗教、また中国および日本の諸宗教との関係の歴史からも知りうる。例えば、「受肉」をインドの avatara に翻訳した例を考えてみてほしい。その際、イエス・キリストにおける神の受肉の一回性は、極めて難解な補足的説明を通してのみ理解可能となる。また、日本における正式な神概念をめぐる格闘も言及に値する。それはまずフランツ・クサーヴェルの伝記から知られる。更に、「神」という一語に統一するために司教会議が開かれねばならなかったことも他に例のないことだろう。第二次世界大戦後、日本で開かれた司教会議において長い協議を経た後、神道によって日本人がなじんできた「カミ」という概念の使用が決定された。それ以前には、中国語に起源を有する「テンシュ」すなわち天の主という概念が長らく使用されていた。だが、以上のようなことはいずれも、融合主義とはあまり関係がない。確かに、アイデンティティの喪失や危機という意味での融合主義が翻訳の不成功から生じることもあるが、それは決して翻訳の目的ではない。

・溶解

翻訳の過程の周辺では、あらゆる宗教の歴史において様々な変化をもたらした事象も見られる。

教説の発展はその一つであり、更に儀式－祭儀の変化も然りである。特に、第二ヴァチカン公会議後のカトリック教会の発展への批判的な意見は、礼拝式が如何に微妙な領域であるかを非常にはっきりと表している。また、既婚の男女が聖職に就くことの許可をめぐる議論でのカトリック教会の極めて消極的な態度も、この問題と無関係ではない。とはいえ、こういった変化の過程そのものは、基本的に融合主義と関係がないと言ってよいだろう。ここで問題となるのは新たな共生、総合、象徴であり、これらは多くの要素が互いに一致する場合に強く打ち出される。

c "Anything goes"？

原理主義は宗教的領域を超えて重要性を獲得している。そこで、宗教的領域の融合主義という現象において語られたことは、その他の社会的・政治的生活領域にも広がりうるのだろうかという問いが少なくとも生じる。ポール・ファイヤアーベントによって、"Anything goes"（何でもあり）――彼自身の翻訳では"Mach, was du willst"（やりたいことをやれ）――は新たな原則として語られている。これは、まずは学術的方法の関発という領域に関連するものだが、実生活では今日「原理主義」というスローガンの下で再び力を持ちつつあるものの様々の形態に反対するものでもある。

「歴史によりもたらされた豊富な資料に向き合い、自らの低級な本能――つまり明晰さ、正確さ、『客観性』、『真理』などの形で精神的安逸を求める――の満足のためにこの資料の豊富さを薄めることをよしとしない人は、人間の発展のあらゆる段階で主張される一つの原則に気づくだろう。すなわち、"Anything goes"という原則である。」

この「原則」あるいは「スローガン」――ファイヤアーベントはそのようにも呼んでいる――への批判に対して、ファイヤアーベント自身は、原則を主張しこれを思考の基礎にするという方法を拒否した。彼はむしろ、「単なる原則の愛好者の運命」について述べたかったのである。原則の愛好者とは、歴史を記述し、その際に"Anything goes"を唯一の原理とする者である。

ところで、スローガン――それの考案者であり正確な起源や理解の記述といった学術的な緻密さが少なくとも必要であるとする人々に対しては敬意を払うものの――は、日常的な使用においては、こういった緻密さに配慮されることは稀であり、あらゆる制限や規定から独立して独自の発展を遂げる。"Anything goes" "alles geht" "Mach, was du willst"などのスローガンは、それ自体で意味を生み出し、この意味によって生かされ、しかも多様な形で生かされる。その際、考案者による制限が考慮されることはない。いずれにせよ、このように新たに獲得される意味は、歴史的な研究および経験から生じることはほとんどない。最初は事実に忠実で客観的であるように見えるが結局は「原理への愛好」の故に諦めて"Anything goes"と語る哲学は、責任ある行為をもたらさず社会政治的に破壊的に作用するという非難を免れない。ヘルベルト・マルクーゼによって一世を風靡したがこれまでにほとんど忘れられてしまった「一次元的人間」は、「論議領域の閉鎖」を経験したが、アレクシス・ド・トクヴィルと同様に遇される。トクヴィルの『アメリカの民主主義』（一八三五／一八四〇）に見出される民主主義の危機という予見が今日再読されているのは理由のないことではない。

“Anything goes”という原理には次の二つのことが集約されている。第一に、この原理は究極的にはあらゆる真のコミュニケーションを破壊する。第二に、真理への関心を「欲望」として非難することとは、価値意識の喪失とそれに伴う悪のあからさまな復帰をもたらすことを通じて、根本的に誤った方向づけであることを露呈する。後者は、転換期後の時期に経験され、多くの人にとって理解し難いと同時に幻滅をもたらす。

・一次元性

“Anything goes”という原理が支配的になると、歴史的経験に固執しなくなり、今現在の有力者や匿名の組織に隠れている「人間一般」による支配が生じる。これら以外に肘で押さえ込むような支配を行う者として挙げうるものが何かあるだろうか。恣意的であることと事実に基づくことというアポリアは明らかに存在する。マルクーゼはこのアポリアは広告産業において見られるとして次のように述べている。

「スピーチや文書が『ターゲットをしぼった見出し』や『大衆受けする文章』へとまとめられると、それらはイメージを伝えるものとなる。

これらの文章は、暗示的な命令という形を取る。これらは、実証的というよりもむしろ喚起的である。表明されたことは指示となる。コミュニケーション全体が、催眠術的な性格を有すると同時に、偽りの親密性の外観を帯びる。これは、絶えざる反復と大衆に向けて巧みに制御された直接性によるコミュニケーションから生じる結果である。

このような言葉は概してもはや『語り』に力を尽くすことはない。それは、組織の力に依拠して事実を語り、事実を継ぎ合わせる。それは、自らの正当性を述べる告知である。」

しかし、言語における語りの喪失は一次元性につながり、一次元性は歴史をもはや約束にさせない。

・危険な洞察

この文脈で、マルクーゼは「記憶の破壊的内容」について述べている。この記憶の破壊的内容は、人類の歴史に存在した恐怖や希望を薄れさせないものである限り、歴史的次元の回復において一次元性を防止する。

「過去の想起は、危険な洞察を生じさせることがある。既成の社会は、記憶の破壊的内容を恐れているように見える。想起は、所与の事実から自らを引き離す方法であり、所与の事実が有する万能の力を短い瞬間だけ破る方法である。記憶は、想起において、過去の恐怖や希望を呼び戻す。過去の恐怖と希望はいずれも再生するが、恐怖は現実において常に新しい形で再来するのに対し、希望は希望のままであり続ける。」

確かに、今日においては、過去の恐怖の再来だけを確認するのでは十分ではない。過去の恐怖は、悪の経験、悪意や暴虐性などの苦しみの経験としてはっきりと命名される必要がある。価値中立的とされる学からの一時的な分離によって倫理的次元を喪失したり、技術的に正しいあるいは誤った行為において同時に善悪の境目をならしたり、責任ある行動を取る代わりに様々に技術的に制御された機能的遂行で済まそうとしたりすることは、人間性がひどく喪失されていることを示している。人間が人間性を根本から取り戻すことができるのは、自分の意のままになるすべての力を自由と責任において行使する時であり、同時に、自分と共に生きている人々、共に生きようとする人々、共に生きてきた人々のすべての益になるように、自らの向う側にありまたありうるものに対して自らを開く時である。自らを開くことにおいてのみ、人間に与えられており、同時に常に新しい在り方——宗教的に言えば悔い改めや回心——を人間に可能にする自由が、恩寵の賜物として与えられうる。

3　仲介者と使信

a　中間のまとめ

今日の人間は、短期的および長期的に重要な人生の助けとなるものについて、しかしまた人生全般にわたる生き方や目的について、多くの可能性（選択肢）の中から決定するように呼びかけられていることを様々な仕方で感じている。ただし、多くの場合、広告を通じて伝えられる示唆が、数がものを言う大衆社会において、人々から決定を奪っている。しかしまた、"anything goes"

という原理が実際に働いているなら、決定は無用である。多くのものが溢れる中で漂い、責任ある関わりを持つ必要のないその日暮らしが、多くの人々が今日営んでいる生活である。だが、このような生活は、本質的に人間にふさわしいものではないため、せいぜい一時的に満足を与えるにすぎない。

人間の生活とは、物事を知り、自らの認識を基盤として自らの生を形成していくことである。生の基盤は、安定性をもたらす。従って、安定性や確実性を求めることは退けられるべきではない。だが、「安定性」や「確実性」を語る者は、同時に「原理」を語る。こうして、再び、「原理」の追求に戻ってくる。原理の追求は、先に見た通り、様々な領域において、すなわち物質的な豊かさ、経済や社会の安定、科学や文化、政治や宗教においてなされる。

原理への結びつきがイデオロギー的性格を帯び、原理主義へと通じていくと、その極みにおいてネガティブな形態を取るのを目の当たりにすることになる。すなわち、権威主義的なコミュニケーション拒否と目先の利かない服従、強力な社会統制による全体主義的な人的交流とゲットーの形成などの形態を取る。このような行動パターンは、世界中に行き渡り、近代の西欧的思考と真っ向から対立するため、これらは近代主義の根底においても発生するにも関わらず、反近代的なアクセントを有する。これらは、多元主義のネガティブな背景をなしている融合と恣意性の過程とは反対に、一つの秩序づけ構造に集結し新たに根ざすことを約束する。

両極の立場はいずれも最終的に真のコミュニケーションの解消に行き着く。だが、世界は、実際には、多くのものの相互対立においてではなく、共存において救われうる。それ故、解決は、共通の運命のためになされる多くのものの間の真のコミュニケーションの回復の中で探されねばならない。その前提として、全体は一であるという視点を持ち、この視点が失われる恐れがある場合には、責任を持ってこれを取り戻すことが必要である。このようにしてのみ、多の中に溶け込むことは喪失とならず、多そのものは豊かになることとなる。このようにして、一と多の緊張は、いずれか一方に傾くことなく、止揚されうるのである。

b　メディアはメッセージである

原理主義と融合主義との間のジレンマ、言い換えれば偽りの安定性と完全な浮遊との間のジレンマの解決への出発点は、責任ある行為を可能にするコミュニケーションの中で求められねばならない。ここで、再びマルクーゼによって診断された一次元性を取り上げ、この一次元性が今日のメディアの挙動から帰結するものであることを明確にしよう。メディアにおいては、事実、メディアは遍在し万能であるかの様相を呈しており、このためマルクーゼとしては「議論領域の閉鎖」、すなわち真のコミュニケーションの妨害について語らねばならなかった。他方、カナダのメディア論者マーシャル・マクルーハンの「メディアはメッセージである」という定義が再び一つのスローガンになった。彼にとって、メディア自体がメッセージの位置を占めている。すなわち「それはメッセージである。」

だが、このような状況は、オイゲン・バイサーによれば、メディアの力よりも、むしろメディアを麻薬のように使うメディアの使用者の無力と関係している。実際、多くのラジオやテレビは、伝達内容に関係なく、単に日常生活の背景として必要な効果音や舞台装置のようになっている。この場合、致命的となるのは、内容の欠落ではなく、見たり聞いたりするものがない時に生じる空白なのである。他方、この現象についての批判的考察は、多くの現代人の意識におけるリアリティの消失について語る。現代人はもはや究極的な問いを問わず、思考において思考にとっての限界、思考可能なものの限界にまで進むことを拒否する。このため、彼らの内面は空洞化し、様々な操作や侵入に脆弱となる危険がある。意味の空疎化とせわしない意味の充実とが表裏一体であることは、見る目を持つ者には十分に明白である。偽の預言者たちやメシアたちが出現する黙示録的時代と同様に、悪が戻ってくる時代を認識することは可能である。

c　仲介者が使信である！

「原理主義的な試み」に対抗して、ユルゲン・ヴェルビックは、先に引用したマクルーハンの定義を神学的視点から新たな充実したものにすることを試みた。この試みは、自身を人間に啓示する神という近代的理解を劇的なコミュニケーションプロセスとして解釈することによって行われた。彼の主張は次のようなものである。

「キリスト教の神信仰は、究極的なものの洞察をめぐる格闘を、神による人間との格闘として理解する。すなわち、この格闘において、神は、抵抗してくる者に対して自身を与え、その者を自身に向かって――従って真理に向かって――開こうとする。自らコミュニケーションする神は、抵抗する人間を正気に立ち返らせようとして自身へ、そして真理へ引き寄せる神である。」

このような神の人間とのコミュニケーションの仲介者は、キリスト教信仰によれば、人間イエス・キリストの他に誰もいない（テモテへの手紙一の二章五節）。これについては、最終の考察においてより詳しく語らねばならない。だが、そこへ移る前に、ここでは二つのことを付け加えておきたい。

・仲介者の充溢

このような神学的理解において「仲介者が使信である」という命題が新たな明白性と充溢を得ることについて、確かにこれ以上詳しい説明は必要ない。なぜなら、使信が全くの仲介性というレベルへ平準化され比較されうるものになるのであれ、仲介者が受肉という比類のない仕方で（神であることを）奪われ人格化され一つの顔を持ちそれによって同時に使信とさえ合一しているのであれ、最終的には、本質的な区別が生じるからである。すなわち、ここでは、人間を個的な自我から自己そのものへ解放するようなコミュニケーションが、自らの現存在（Da-Sein）においてこのような解放のコミュニケーションを可能にする人（キリスト）との間に生じる。このようなことを可能にする基盤は、「対話」の中に、すなわちコミュニケーションに参加するパートナーの間に存在する。だが、この場合のパートナーの一方は、やはり人間ではなく、人間が口ごもりながら「人間ではない」、「神」と呼ぶところの者である。

・充溢としての空

仲介者自身が使信となり人格においてことば（言）となるだけでなく、空（Leere）という両義的な状態もまた止揚される。先の考察の最後で、多くの現代人の内面の空洞化――ここには意味の空疎化とせわしない意味の充実が表裏一体となって含まれている――が明らかになった。また、アジアにおけるオールターナティブについて見た際にも、最後に「空」（サンスクリット語のシューニャター）に言及した。このような空は、その根本的な開放性の展開において、今日では、パウロが語る神のケノーシス（自己空化）、神の自己放棄――それは、創造の始めから、神のイエス・キリストにおける受肉とその死に到るまで、自らを無限に与え注ぐ愛という表現を取っている――において示されている。

さて、これで、現代という時代がもたらす様々な影響や、人間が宗教的および非宗教的実存において取る行動についての考察は、出発点となった問い、「現代の多元主義においてどのようなチャンスがキリスト教に残されているのか？」に戻っていくことになる。この問いは、しかしまた、「現代の多元主義においてキリスト教は我々に何を与えると約束するのか？」と逆方向に問うこともできる。

第八章　キリスト教の魅力について

はじめに

私は一九八二年に『仏教の魅力』という本を出版した。それ以来、「そのような本を書くキリスト教の神学者であるなら、『キリスト教の魅力』という本も書く責任はないのか」という質問を何度も受けた。あるいは、結局のところ、仏教はキリスト教よりも多くの魅力を有しているのか。もしかしたら、仏教への内面的な回心が生じたのだろうか。

現代という時代の多様な課題に正面から取り組み、そのような取り組みを最初から批判的－拒否的に行わないなら、必然的に先のような問いに直面する。また、異質な他者がそのようなものとして真摯に受け止められ最初から取り込まれないような空間が実際に対話において聞かれる場合にも同様である。

現代の多元主義に取り組むことと、批判－開放的に学ぼうとすると同時に自らの一部を与える対話を行うこと、この両方が我々の考察の主題であった。これらについての考察によって切り出された多くの面を、ここで最後にもう一度見ることはできない。だが、世界をその多様な側面や多様な形態において常に見ることとは、我々が最終的に改めてキリスト教について語り、我々をキリスト教の中に引き止めるもの、我々に「霊感を与え」、「惹きつける」ものについて語ることを要請する。こうしたことを行うことによってのみ、ペトロの手紙一の三章十五節でキリスト者に求められていること、すなわち我々の中にある希望について、それについて問う者がいる場合には何処においても説明することになるのである。

これまでの考察から、我々が進まねばならない今後の道にとって重要となる一連の観察が得られている。

1 キリスト教は、始めから一つの道であり、後になってようやく一つの体系にもなる。だが、道ができるのは、人間がそれを歩いて通る時である。道ができると、それは人間が歩くためのものとなる。道は歩かれなくなれば消えることもある。人間の側から言えば、これはキリスト教にも当て嵌まる。だが、キリスト教を道として理解する場合、「キリスト教」という概念を、「キリスト者であること（Christsein）」（ハンス・キュング）という概念と置き換えることもできる。というのは、キリスト教にとって未来の中にもある約束の表現となるのは、キリスト者であること（Christsein）を現に生きている人間だからである。キリスト教とその魅力について語られる場合には、人間についても語られなければならない。

2　人間は――エドワルド・スヒレベークの言葉によれば――「神の歴史」である。とはいえ、人間について語る者はまず人間の歴史を語る。自分の人生を自覚的に歩む者は誰でも、自分の歴史と他者の歴史について語り得る。恐らく、キリスト教神学は、長い間、キリスト者の実存および伝記の背後に隠れている歴史を、諸概念へと凝り固めてしまった。神学は、これらの概念を歴史へと還す代わりに、これらを想起しこれらを解明してきた。けれども、これらの概念は、想起の中にではなく、「キリスト者であること（Christsein）の歴史」自体の中にもたらされるべきである。

3　最後に、このように言い得るのは、キリスト者であること（Christsein）自体が、人間による理念に由来するものではなく、明らかに一人の人間の歴史と共に始まっているからである。すなわち、「一人の生ける人の歴史」――スヒレベークはこれをイエスについての自著の書名にした――として語られるべき「ナザレのイエスの歴史」と共に始まっているからである。

スヒレベーク自身は、イエスについての彼の著書の始めで、体の不自由な人の歴史――使徒言行録四章十－十二節によればペテロが「イエス・キリストの名」において癒した――を思い起こしている。そして、最後に、マルティン・ブーバーによって報告されたラビのバアルシェームの歴史を引用している。

「私の祖父は身体が不自由だった。ある時、彼は、彼の師である偉大なバアルシェームについて語ることを依頼された。そこで、彼は、聖なるバアルシェームが祈る時に跳んだり踊ったりするのが常であったと語った。祖父は立ち上がって語っていた。（師の）歴史が彼を熱狂的に突き動かし、彼の師が祈る時にしていたように自分で跳んだり踊ったりしなければならなかったのである。この瞬間から祖父は癒された。歴史はこのような仕方で語られねばならないものである。」

スヒレベークは、彼の著書を次の言葉で締めくくっている。「この『生ける人の歴史』という書が、（歴史を）語る信仰が再び受け入れられるための礎となり、端緒となり、神の国である世界に祈りつつ留まりふさわしい実践を行うことから生じる実践的‐批判的なインパクトをもたらすならば、非常な幸いである。もしそうでないならば、私としては、この書が明日にでも現代の古書店のリストの中に加えられていてほしいと思う。」

キリスト教的なものの魅力について論じる場合、従って次の三つの歴史が一体となっている。すなわち、始まりの歴史――「神の国である世界の中に祈りつつ留まる」こと――、まねびの歴史――「ふさわしい実践」――、そして我々自身の現在の歴史――「『語る信仰』が再び受け入れられ、実践的‐批判的なインパクトをもたらす」こと――である。我々は、これら三つの歴史の時代のすべてに参与している。というのは、現代において、我々は、始まりの約束の印しの中で今もなお生きているが、しかしまた、効力を有し続ける祝福の下に置かれていると同時に、明暗いずれの性質をも持つ人類の歴史がもたらす重荷の下に置かれているからである。歴史は常に賜物であると同時に課題でもある。現代において、歴史は、確かに、与えられた賜物というよりも、むしろ重荷であり課題である。それにも関わらず、我々は、歴史を回避して純粋な理念の世界へと逃れることはできない。

1　始まりの歴史

a　想起

歴史が問題である場合、必要とされるのは想起であり、まずは思考ではない。アウシュビッツのような出来事が急速に忘れられ押しのけられている感がある中で、ヨハン・B・メッツは、――「理念主導の思考」よりも――「想起主導の思考」を上位に置き、その文脈において、想起の文化が必要であるとした（第四章参照）。このような考え方は、キリスト教にとってなじみのないものではなく、「イエスの死と復活の記念」という聖餐式についての中心的理解を考えるだけでも分かることである。とはいえ、敬虔と思考が離開する中で、このような考え方は、哲学的・体系的な秩序づけの思考の影響の下で、一層押しのけられている。他方、このような状況には、歴史から自由であり歴史を包括する概念のみが普遍性を約束するように思われていたことが関係している。

実際、メッツが提起した主題は、歴史と普遍性との間、出来事と普遍的な意味との間、事象と真理の間における緊張関係を反映している。普遍妥当性を有する普遍的なものが歴史上の偶然的なものの上に覆い被せられるということは、ドイツ観念論の時代までに繰り返し現れた。ドイツ観念論の時代から二つだけ例を取り上げよう。

第一の例として、ゴットホルト・エフライム・レッシングの論文『精神の証しと命題の力について』の中には次のような一文がある。

「偶然的な歴史的真理は、必然的な理性的真理を証しするものにはなり得ない。」

だが、キリスト教の関心は、ナザレのイエスの使信を普遍的な救いの使信として伝えることである。現代に至るまで我々につきまとうのは、「如何にして一人の人間の生が普遍的な意味を持つのか」という問いである。

第二の例として、ヘーゲル哲学の周辺では「キリスト教の絶対性」について論じられた。ヘーゲル自身は、自らの思想体系において、理性的思考を歴史の過程と同一化することに苦心した。これは具体的には、彼の生きた時代と場所にとって、プロイセン王国とキリスト教の福音の形態は理性が先導する歴史の最高点を表すものであるということを意味した。このような思考が結局は如何に現実と乖離していたかを更に論じる必要はない。とはいえ、このような思考がキリスト教神学の思考に影響を与えた時期があった。カール・ラーナーが、その著『信仰の基礎講義』の副題を、キリスト教という「概念」への入門とする際、ここにはヘーゲルと類似の思考の形が見られる。つまり、キリスト教的なもの——それはしかしイエスという人物を起源とする——の歴史性すなわち偶然性を、必然的な概念へともたらそうとする試みがなされるべきとされている。

この問題をめぐっては、メツが、キリスト教神学の理念主導の思考の中に、自らの普遍的要求を確実に近代性と調和的に定式化しようとする試みを見ている。正当にも、メッツは、こうしたことが本当に上手くいくのかを問うている。

b “Memoria Jesu”（イエスを記憶すること）

先ず学問としての神学ではなくキリスト教の敬虔性に問うてみようとする人は、そこで突如としてイエスという人物へ差し向けられる。“Memoria Jesu” すなわちキリスト教の礼拝である聖体祭儀（聖餐）の主人公イエスを思い起こし「記憶する」ことが中心的な位置を占めることについては既に述べた。だが、“Memoria Jesu” は、キリスト教の敬虔性の他のあらゆる形態の中においても中心的な位置を占めている。例えば、聖イグナチウス・フォン・ロヨラの『心霊修業』は、「イエスの生の奥義」に関心を集中させている。このイエスの生の諸段階についての精察は、——三つの魂の力についてのアウグスティヌスの教説にならって——常に memoria（記憶）への専心から開始する。しかしながら、この場合の memoria とは、過去の想起と保持のための単なる器以上のものである。それは魂の場所であり、この場所では、その時々において今日ここでのイエスの生との出会いが人間と神との出会いとなる。従って、memoria は、人間の歴史のその時々に起きる神との出会いを知覚することを人間においてまずは可能にする器である。

キリスト教側としては、神と人間の近さは、イエスという人物において密となり、他の何処においてもこのような密さを有することはない。常に偉大なる神（Deus semper maior）は、イエスの受肉において、常に卑小なる神（Deus simper minor）として現れる。この卑小なる神は、人間の生のかすかな隠された正に正反対の状況における神との出会いという旧約聖書の教説を完成させる。エジプト、バビロン、罪深い人類、イエスの十字架、そして世界中におけるイエスのための多くの磔刑や死刑、これらの中に神を知覚することは——比喩的に言えば——天を開いた状態にする。

イエスという人物に取り組むことの重要性を強調するため次の二つの観察を示しておく。

1　近代の宗教批判においても教会外のイエスの人物像の研究においても長らく顕著であったのは、イエスという人物が批判にさらされることは稀であったということである。たとえイエスの神性が否定されようとも、模倣すべき正しさが現れている標準的で模範的な人間像をナザレのイエスの中に見るのが一般的であった。このようなイエスに対する尊敬に溢れた扱いは、ヨーゼフ・ノルテをして、近代の宗教批判における「イエスの擁護（Schonung Jesu）」という思いがけない場所《トポス》を語らせることとなった。

2　今日増えつつある「イエスの擁護は最近の批判的文献ではむしろ見られなくなっている」という見方はこれと矛盾するものではない。すなわち、イエスは「単に」一人の男であるにすぎないので彼の中に真正な人間性は認められないとされたり、イエスは一人の男として様々な女性関係を有していた可能性があると想像されたりしている。いずれにせよ、イエスの中に理想的人間は認められず、同時にイエスは模範的人格を失う。その際、イエスについての様々な試論は、今日の人間観の無秩序性——それは共通の標準的規範を失っている——の反映にすぎない。だが、より重要なことは、キリスト教批判がイエスという人物を問題にすることが多くなっていることは、同時に、キリスト教の核心に触れられるのはイエスについての根本的な批判においてであることを示しているということである。

c　ナザレのイエス

しかし、その場合、様々な見方があることは、キリスト者は今日ナザレのイエスとどのように向き合うのかという問いの回避を許さないであろう。実際、キリスト教の内部では、変化が進行している。つまり、——神学から言うと——キリスト教信仰の歴史的出発点の問題、すなわち史的イエスの問題は、この百年の間に益々、教義学ないしキリスト教の教説の発展の前に押し出されるようになっていることが見過ごされてはならない。これと関連する別の事実として、イエスという神学的称号は相対化され、遂には「真の神にして真の人間」という本質的命題も無批判に相対化可能な解釈上のモーメントとして軽視され、ある意味で無視されている。

さて、イエスという人物の歴史に接近しようとする単純な試みは、それが不十分になされる場合を除けば、不可能である。イエスに関する歴史的知識は、むしろ限られた文献からしか得られず、しかもこれらの文献は、歴史的関心に資するというより、むしろ告知のための文献としてイエスという歴史上の人物をその永続的意義において表現するものである。その場合、前面に出てくるのは、イエスが人類のために為したことと今なお為していることであり、第二に、彼の生から様々な帰結が我々にもたらされているということである。イエスの意義が普遍的なものになる程、イエスは我々の平凡性から遠ざかり、ライン下流地方出身のトマス・ア・ケンピスの初期の著書であり広く読まれてきた『キリストにならいて』の中で「イエスのまねび」と呼ばれていることは益々難しいものとなる。生ける神をイエスの中に見るとすれば、「まねび」について何処まで語りうるのか？　まねびは賛美に転じた。

正にここに、今日の新たなアプローチは深く切り込む。というのも、丁度タボル山での幻想（イエスの変容）の後のように、今日の聖書解釈の下では、イエスの他には誰もいない（マタイによる福音書十七章八節）からであり、洗礼を受けるためにヨハネの下へ向かう途上で罪人らに列し（マタイによる福音書三章十三節以下と並行記事参照）、我々すべての中にありながらも同時に罪の外にいる（ヘブライ人への手紙四章十五節と並行記事参照）人間イエスしかいないからである。正にこれらの新約聖書の言葉は、現代人をして、改めてイエスの生き方や人生の知恵を探し求めることへと招いている。ここでは、イエスは、人間の困苦や病気に対して目を背けることなくその生を歩んだ人間として現れる。実際、しかし既にテモテへの手紙一の二章五節で、我々にとってただの一人の仲保者、神と人間の間の仲保者は人であるキリスト・イエスであると述べられている。

イエスが人間であることの強調は、明らかに、現代人への歩み寄りである。だが、イエスは神であることを放棄しうるのか？　イエスの歴史に取り組む者は、イエスを彼自身の宗教の中で真剣に受け止めることを避けることはできない。イエスはユダヤ人であり、しかも彼自身の宗教に根ざし神との結びつきを有していたユダヤ人である。ここで、しかし、イエスの宗教性をより深くまで分け入って見ることができれば、生きたユダヤ教との今日的な出会いがもたらされる。イエスについて語る者は、ともかく、イエスの神理解や神との関係について語らなければならない。イエスは神の支配を告知し、弟子たちに祈ることを教えている。すなわち、「祈る時にはこう言いなさい。『父よ……』」（ルカによる福音書十一章二節）と。

ここでは、次のことが重要なのではない。すなわち、このナザレのイエスにおいて神の子が啓示されたこと、言い換えれば、目に見えない神がイエスにおいて目に見える人間の顔を持つに至ったことを、キリスト教が最終的に認識させせられていく諸々の歩みをたどることが重要なのではない。こういったことはすべて、将来ゆっくり歩まれるであろう道——神学が秘教（Mystagogie）と呼ぶ道、すなわち我々が「神」と呼ぶ奥義に近づくための手引き——によってのみ経験されるべきである。ここでは、こういったことを予感するというだけに留めざるを得ない。

ただし、留意されたいのは、それは、神との結びつきを有するナザレのイエスが我々を神の奥義、正確には神という奥義へと導くことの予感であるということである。

2　まねびの歴史

a　回心

さて、二千年とはかなりの長さの時間である。——不思議にも——今日ではほぼ世界中でイエスの誕生を起点に時が定められているにしても。この暦を変えようという提案が国際的に正式な形でなされたことはない。イスラム世界、中国、日本、その他の地域では宗教上の暦があるにしても。国際的な交流のためには、このような独自の暦を持つ人々も、キリスト以前・以後という時の数え方、あるいは「時の変わり目（起点）」を必要とするのである。

とはいえ、この時の変わり目ないし起点は遠い過去に存在する。従って、この起点が有する不思議な力は弱まっている。多くの人々は通常、過去よりも現在に関心を寄せているからである。だが、ここで、サブリミナルに作用する一つの見方が大きな役割を果たす。すなわち、すべての宗教は「救い」——具体的にこれをどう理解するのであれ——を告知するという見方である。しかし、これと共に、すべての宗教は人間に同時にチャンスも与えるのであり、新しく始めるチャンス、自己を新たにすることさえできるチャンスを与える。自己を新たにすることは、「回心」が議論される場所では必ず見られるものである。回心が常に意味するのは、新しく始めること、古いものを後に残し新しい可能性へ向かうことである。

ここから次のことも帰結する。すなわち、過去との結びつきを過度に強調し、神から与えられる人間の自由――回心し、その道において新たに始めること――を同程度の強調において告知しない宗教は、宗教としての意味が低下する。キリスト教もまた、ここで自問しなければならないのであり、過去への後向きな関心が十分に創造的で前向きな衝動を屢々妨げていないかを問わねばならない。まねびとは、しかし、時間の中で進み続けることなのである。

b 橋渡しとしての証言

キリスト教のカトリック信仰の歴史においては、時代と時代の間を橋渡しする一つの方法がある。この方法は、初期の神学では、とりわけ、伝記的な生の証言が神学の源泉として再発見されるところ――つまり聖者たちないしキリストの生き証人たちの歴史――において意識に植えつけられる。だが、伝記はまずは語りのモーメントを有しており、その後はそれ自体で記憶のモーメントを有する。キリストのまねびについて語られる場合、特定の行為が記述されることは少なく、むしろキリスト者とされる人々の歴史が語られるべきである。その際、公認されている聖人の歴史はそれほど重要ではなく、むしろ次のような問いに答えるのに役立つ歴史がとりわけ重要である。すなわち、「何故君はキリスト者なのか」、「何故君はキリスト者になったのか」、「何故君はキリスト者であり続けたのか」、あるいは逆に「何故君はキリスト教に背を向けたのか」といった問いである。

歴史上の聖人と呼ばれる男女の作品や書物の他にも、「キリスト者であること」自体について語る現代の書は無数にある。それらは教会を相手として愛すべきものとして苦難を受けたが誠実に耐えて生き続けている。任意に例を挙げれば、ハインリッヒ・フリースの晩年の書『教会での苦難』や、ベルナルト・ヘリングの『教会との我が経験』などがある。また、ノルベルト・ゾマーの『愛の怒り』の中に集められている「教会との怒れる男たち」の言葉や、ハナールナーテ・ローリンとダーフィト・ゼーバーによる『信徒を動かすもの　教会の立場に向けて』の中で紹介されている信徒たちの発言などもこれに含まれる。

これらの書から直ちに明らかとなるのは、これらのキリスト者が受けた苦しみは、主としてキリスト教的なものが移し変えられた形態——具体的には教会、その組織、理論化された教理、宣教の方法、権威の行使——、要するに変更可能なものに関係しており、イエスにおいて読み取りうるもの、キリスト教的なものそれ自体、捨てることができず変更できないものには関係していないことである。人が教会に背を向けるのは、通常、教会での具体的な経験が原因であるが、本来の教会自体を全く経験できなかったことも屢々原因となる。イエスに出会った経験を原因として教会から離反することは稀である。

残念ながら、今日広がる教会批判は、多くの点で、カール・ラーナーにとってはまだ自明的であった、かの区別によってはもはや特徴づけることはできない。彼が批判する時は、カトリック教徒として批判している。だが、ともかく、それは次のようなものである。

「注意すべきは、教会批判を行う者は、教会それ自体についての最深の自己理解に基づいて、

『教会』に対して議論をしかけているということである。批判者は、教会は究極的には、宗教的欲求の充足のための単なる疑わしい組織なのではなく、当然ながら社会的組織化をも避けられない共同体であることを知っている。この共同体は、十字架につけられ復活されたイエス・キリストを、取り消されることのない神の約束の言葉として信じる人々の共同体である。では、最終的に、司祭、司教、ひいては教皇に対する怒りが生じた場合どうすればよいのか？教会では洗礼により生涯にわたり神の恵みの言葉が約束されていることや、教会では神の救いのわざとしてのイエスの死と復活を聖体祭儀で祝うことができることを知っており、また、教会ではあらゆる難しい神学的な議論や饒舌を経てもなお残る永遠の神の自己啓示の純粋な言葉を聞くことができ、生の咎の赦しを約束する言葉を受けることができることや、教会では永遠の神の忠実な証人であるイエスにつながって生死を全うすることができることを知っているならば、どうすればよいのか？」

ここでは、教会それ自体は、どんな時にも起こりうる回心という出来事の中へ引き入れられている。本来の教会は、——第二ヴァチカン公会議の時期に繰り返し言われていたように——**Ecclesia semper reformanda**、すなわちどんな時も更新されるべきであり、しかしまた更新する力を持った教会である。

c　何故キリスト者であるのか？

最後に取り上げる現実的な問いは、否定的ではなく肯定的に聞こえるものであり、「何故私はキリスト者であり、君はキリスト者であるのか？」という問いである。パリ大司教にして枢機卿であるジャン＝マリー・リュスティジェは最近、ロングインタビューの中で、神および世界に対する見解について問われている。その際、話は必然的に、彼のユダヤ教からキリスト教への回心に及んだ。この回心の道は彼を導き、ユダヤで生まれた歴史上の他の誰でもない「この人」、イエス・キリストについて明らかに知ることとなった。

だが、その際、更に別のことを付け加えなければならない。すなわち、リュスティジェの信仰的同意は、知的努力の結果ではなく、キリスト教において「啓示」、「神の自己啓示」と呼ばれるものの受容から生じている。リュスティジェ自身の言葉では次のように語られている。

「確かに、人間は、自分の思考が線引きした限界の向こう側を仮定することができる。人間は自らに次のように語りうる。すなわち、私は一つの限界を設定したが、どの限界にも向こう側があり、この向こう側はどんな思考よりも大きく、思考されうるにはあまりに大きい。だが、歴史においてユダヤ民族に対して人格として自己を啓示したかの超越的なものは、全能なるものであり、その働きは人間の精神の前に立ちはだかることによりこれを文字通り打ちのめす。神は、人間が自ら線引きした限界――いつかそれは超えられるといったような――の向こう側にある未知の地ではない。

神の啓示とは、本質――自らは絶対的主体として現れ、人間はそれを通して初めて主体として構成される――の現前の現れである。それは、創造者であると同時に救済者であるものの啓示である。理解不可能なものは自らに一つの名前を与える。それは自らを語り、そして理解される。」

イエス・キリストに向かうことは、従って、彼によって捉えられることにおいて、それによって生じる神への真の回心――そこでは私が神を捉えるのではなく、神が私を捉える――において起こる。キリスト教的に言えば、それは、神が人間を捉えること、人間を生ける神との出会いへ導き入れることである。それは、出会いであり、イエスと彼の神に目を向けることにおける神との communio（交わり）であり、その中で神そのものが communio であることがゆっくりと人間に分かってくる。だが、他方で、人間は、イエスと彼の生死に目を向けることにおいて、次のことを学び知る。すなわち全能なるものとして知られる神が自らの真の偉大さを示すのは、神が自らを被造物、すなわち一人の人間の生の有限性において再発見させ、また自らを文字通り人間の手の中へと引き渡すことにおいてであることを学び知る。

既に、仏教との関連で、「ケノーシス的」（自己空化的）な生き方について論じた（第六章参照）。その際に重要であるのは、一切の自我のとらわれから解かれ、他者において自らの自己を再発見することを通じて人間が実現する生き方である。主人が奴隷や家臣の中に自らを見出すように、神は人間の中で自らを見出す。「ケノーシス的」という語は、初期キリスト教の賛歌のフレーズにまで遡るものであり、それはフィリピの信徒への手紙二章五－十一節に見られる。五－九節では次のように述べられている。

「互いにこのことを心がけなさい。それはキリスト・イエスにもみられるものです。キリストは、神の身分でありながら、神と等しい者であることに固執しようとは思わず、かえって自分を無にして、僕《しもべ》の身分になり、人間と同じ者になられました。人間の姿で現れ、へりくだって、死に至るまで、それも十字架の死に至るまで従順でした。このため、神はキリストを高く上げ、あらゆる名にまさる名をお与えになりました。」（訳註：日本聖書協会・日本聖書協会共同訳参照）

「何故キリスト者であるのか」という問いは、この引用句や似たテキストを目の前に置いた上で答えられるべきである。リュスティジェの発言を、フィリピの信徒への手紙の言葉とつなぎ合わせると、次のことが確認される。

1　キリスト者にとって、人間であることは「人格的な神」と関係している。キリスト教の「思考の転換」（ギリシア語の metanoia。考えを改める、改心するの意）においては、しかし、人間は人格であり主体であり、それは神が人格であり主体であるからとされる。人間が人格であるのは、神が人格であることに与るからである。このことは、人類の歴史の至るところで、語り得ない奥義――我々は自らの思考においてこれを探し求める――が「思考の転換」において開示される場合に、明らかとなる。すなわち、こうしたことが起こるのは、我々が神に対し答え返事をしうる以前に、神が自らを語りかける相手として開示する場合においてであり、神がロゴスであり言葉であり呼びかけである場合においてである。そこで、次のような問いが生じる。すなわち、人類の歴史において、このようなことが起こる場として、ナザレのイエスの歴史においてと同じほどに明確な場があるだろうか?

2　キリスト者にとって、人間であることは次のことと関係している。すなわち、神が人間に語りかける場合、神は人間にとって語りかけてくる相手となり、神と人類の間に対話が生じるということに。だが、人間との communio（交わり）は、神自身が communio であり、共同体であることに基づいている（ここには三位一体の神という奥義においてキリスト者が告白することが暗示されている）。徹底的で閉鎖的な一神論と三位一体的な神関係との間の緊張関係は長い間次のような見方がなされる原因となってきた。すなわち、人間の人格性は、個別性というよりもむしろモナド（単子）のように解釈されてきたが、神が歴史において自らを啓示したことが考慮されて、間主観性ないし関係性として理解されるようになったという見方である。とはいえ、間の対話（Inter-Dialog）においてのみ、共同体と連帯性は可能となる。しかし、イエス以来、父と子と聖霊の間の人格性は、神の真の本質として示されている。言い換えれば、自律せる神（父）は、自らを完全に手放すこと（子）において、愛（聖霊）であることが示されている。

3　神が自らを完全に手放すとは、要するに、キリスト者がイエス・キリストにおける「神の受肉」と告白するところのもの以外の何ものでもない。フィリピの信徒への手紙では「神の自己放棄」について語られているが、この神の自己放棄から帰結することについて、我々はようやくゆっくりと、しかも未だに少しずつではあるが予感し始めている。先に述べた通り、神が偉大であればあるほど、神はその偉大さを次のことにおいて、すなわち、神はより一層小さなものの中に隠されているということにおいて示す。主人が奴隷や家臣になるのである。命の主は、人間の死をその身に引き受け、実に殺される（弁神論の問いは、イエスの死における神の死に取り組むことにおいてのみ、答えを得られうる）。しかし、その場合、キリストのまねびとは、淡々とした日常においてまねびを実行することへの招きである。実際、現代の聖人たちは、日常を生きる聖人であり、どちらかと言えば見えにくい。しかし、その中で一層目立つ人物、例えばリジュの小さなテレーズのような人もいる。しかしまた、恐らく教会によって聖人として公認されることはないであろう人々もいる。あるいは、他の人々のために自らの生を捧げる人々、例えばマクシミリアーン・コルベのような人もいる。

3 現在の歴史

a 人間であることにおけるイエスの跡

キリスト教の魅力が明白となるのは、キリスト教が人間に自己、世界、彼を包摂する現実性——我々はこれを「神」と呼ぶ——との間に人間的な関係を獲得させる場合においてである。結局のところ、今日の世界において、人間そのものをおいて、議論のテーマとすべきものはない。特に、人間が、自らなした発見や推論から生じる様々な結果を目の当たりにし、自分が決して勝者ではなく様々な点で敗者であることを経験している限りにおいてはそうである。人間は生き残りをかけて戦う場合、屢々利己的に自分のために戦うのであり、たとえ仲間を犠牲にしてでも自分を救うことが許されるかのようである。従って、当然ながら、生の諸領域にまたがって生きる現代の人間には、エートスや倫理についての問いが突きつけられている。

キリスト教は世界に対して挑発するがしかしまた申し出を行う。その内容は次のようなものである。すなわち、キリスト教は、救いの神について語るが、この神は、この世界の中で自ら救いを行うこと、実にこの世界を救うことを約束する。つまり、世界からの逃避を与えるのではなく、この世界の中で救いを実行する。だが、これには次のことが関わっている。すなわち、キリスト者は、神自らが人類史の中のある一時点において――ナザレのイエスにおいて――人間の顔を持って現れたことを信じるということである。それ故に、キリスト教は常に歴史――その中で我々人間が今なお生きている――について語る。しかし、これは次のことを帰結する。すなわちキリスト教が神について語る際、具体的な歴史が重要であり、正にそれ故に、キリスト教においてはまねびの可能性が与えられている。まねびにおいて、人間は、キリストの顔に、現在の顔を常に新たに付与する。

このようなキリスト教の主張に対抗しようとして、キリスト教は信じるに値しないとしてきた人々が残した跡を持ち出すことは誰もできない。というのも、ここで俎上に載せられるのは、イエスの跡をわが身に引き受ける人々のみであって、そうしない人々ではないからである。とはいえ、誰もがどのキリスト者においてもこの跡を見出す必要があるという訳ではない。

b　マグナ・カルタ

我々が、模範的な人間像を超えて、キリスト教の使信——どのようにしてそれはキリスト教世界を超えて放射して広がっていくのか——について問う場合、よく思い浮かぶのが、キリスト教のマグナ・カルタと呼び得る「山上の垂訓」である。特に、いわゆる「真の八幸福」（マタイによる福音書五章一－十二節）は、現代に至るまでキリスト教の圏内を超えて影響力を有している。「山上の垂訓」の使信では、人間が有する様々な顔に改めて目が向けられている。ここで、イエスは、幸いの約束について語りながら、人類史の巻き物を端から広げていくかのようである。そこでは、貧しい人々、悲しむ人々、迫害される人々、義に飢え渇く人々、しかしまた、人類の歴史において様々な苦難の中に置かれているあらゆる人々、平和を実現する人々、非暴力を貫く人々、柔和な人々、憐れみ深い人々、その心に神自らが映し出されている人々について語られている。幸いであると言われているのは、苦しむ人々、そして人間の苦しみに耐えられず「この世界は変えられうる」という確心の中で——キリスト教から付け加えれば、神は（創世記にあるように）良き世界を欲されたと信じるが故に——抵抗する人々である。このように、悪に対する抵抗は、内面の回心と同じく重要である。実際、キリスト教は、人間の生の二つの極限、すなわち死と罪を眼前にして、答えを与えずにいることはない。キリスト教は、十字架上の人に目を向けつつ、死の向こうの生と、罪咎の赦しを約束する。

これらの約束の鏡像とも言えるのが、マタイによる福音書二十五章三十一－四十六節にある審きについての記事である。ここでは、イエスは、飢えている人々、渇いている人々、旅をしている人々、裸の人々、病気の人々、更に牢にいる人々の中で受け入れられているように見える。これらの人々は、人から良くしてもらう側の人々である。キリスト教は、人々の宗教であり、イエスにおける「人間であること」をまねようとする人々の、また「人間であること」を果たそうとする人々の宗教なのである。

c　誰のもとへ行くべきか？

私は、別の文脈で、キリスト教ほど対話的なもののために強い努力をなしている宗教はないのではないかという思いを述べた（第三章参照）。これは同時に、キリスト教程、人間の側から思考する宗教はないということでもある。確かに、他の民族、文化、宗教と関わり驚きで満たされたキリスト者は、神が世界において他にどのようにして働いておられるのかを知ろうと努める。しかし、同時に、キリスト者は、正にキリスト教の基礎をなす使信こそが、彼をして他者を探し求めさせるのであることに気づく。キリスト教の基礎をなす使信とは、キリストの姿であり、それは、善き真実なもの――それは人々の中に見出されることもある――に対する目を開いてくれる。既に今日では次のような状況が生じている。すなわち、キリスト者の批判的な問い返しを受けて、例えば仏教では、悟りを開いた人（ブッダはこの意味を有する）による、無明・束縛・困窮・苦悩の中にある人々への献身は、真の悟りの必須の基準として認識されるようになっている。実際、無私における同胞への共感は、ともすれば肘鉄砲や自己主張や独善が横行する世界において、真の人間性の重要な基準となる。教会でさえ、このような「世俗的」様相を免れていないのである。

さて、次のことを確認して、本書を締めくくりたい。私自身の人生は、その根源において、キリスト者である父母の家、キリスト教の共同体、立派な司祭たち、そしてこれらの中で経験したことに従って生きるようにという神の招きによって形成されてきている。子供の頃の信仰は確かに昔のものにはなっているが、教会と世界の中で様々なことを経験することによって、それは成熟した信仰に育ってきた。理想的に見えていた幾多のものがあったが、現在の私にとっては決して多くはない。けれども、神人であるイエス・キリストが中心に立つこの宗教、私が帰依するこの宗教を選ぶという根本的な選択は、どんな逆境を経ようとも、ゆらぐことはない。私は、――おそらく他の幾多の人々よりも――宗教的な道であれ非宗教的な道であれ、他の道の研究に取り組むことが多かったし、また取り組まなければならない。私は、キリスト教から背教することなど考えられないという人々に出会ったが、それ以上に、キリスト者である勇気を失ってしまった人々にも出会った。最終的に、私自身は、それにも関わらず、依然として、イエスが「君たちも離れていきたいか?」と尋ねた時にペテロが弟子たちを代表して述べた答えの前に立っている。すなわち、「主よ、わたしたちはだれのところへ行きましょうか。あなたは永遠の命の言葉を持っておられます。あなたこそ神の聖者であると、わたしたちは信じ、また知っています。」(ヨハネによる福音書六章六十八、六十九節)

他の道を行く友たちの歩みと努力にありったけの敬意を払いつつも、私自身にとって今もなお重要なのは、キリスト者として彼らとの対話を続け、彼らと連帯して人々の世界に賛同することの理由である。人々の世界においては、一方の人々にとっては、すべての生けるものがその場所を確保しなければならず、他方の人々にとっては、神が主人に留まっている。私もまた、多元的な世界の中で、キリストの視点から、いずれの立場にも賛同することを試みるのである。

参考文献

[第一章]

・G・バクル著「神話」(U・ルー、D・ゼーバー、R・ヴァルター編『宗教の現在の問い　中辞典』所収、フライブルク　一九八六年、二八九－二九三頁)
・D・ボンフェッファー著『抵抗と信従』ミュンヒェン　一九五一年 (その後多数の版・出版)
・R・ブルトマン著「新約聖書と神話　新約聖書の告知の非神話化の問題」(H・W・バルチュ編『ケリュグマと神話』一巻所収、ハンブルク　一九四八年、一五－四八頁)
・A・コント著『社会学　抜粋での積極哲学』シュトットガルト　一九七四年
・J・フィーグル著「世俗化」(P・アイヒャー編『神学の基礎概念の新案内書』、ミュンヒェン　一九九一年 (第二版)、第四巻　四三一－四四〇頁)
・B・グロム著「神秘学」(U・ルー他編、同上掲書『宗教の現在の問い　中辞典』八九－九三頁)
・R・フンメル著「東方の宗教性」(『神学の基礎概念の新案内書』、三三九－三四三頁、「混合主義」四五七－四六二頁)
・W・ケルバー編『世俗化と価値変遷』、ミュンヒェン　一九八六年
・J・B・メッツ著『世界の神学のために』、マインツ　一九六八年
・W・ラベルガー著「神話」(P・アイヒャー編『神学の基礎概念の新案内書』第三巻　四一九－四三〇頁)
・A・レシュ著「オカルト主義」(U・ルー他編『宗教の現在の問い　中辞典』三二〇－三二四頁。同上掲書「世俗性と世俗主義」、四一四－四一八頁)

・U・ルー著『世俗性と世俗主義』フライブルク　一九八〇年
・D・ゼルバー著「価値変遷」（U・ルー他編『宗教の現在の問い　中辞典』四八八－四九三頁）
・H・ヴァルデンフェルス著『諸宗教の出会い　神学的努力』、ボン　一九九〇年、同著者『文脈的基礎神学』、パーダーボルン　一九八八年。同著者「宗教理解」（P・アイヒャー編『神学の基礎概念の新案内書』第四巻、四一二－四二二頁）

［第二章］

・M・デルガド編『ラテンアメリカの神　五世紀間のテキスト』、デュッセルドルフ　一九九二年
・R・デカルト著『第一哲学についての省察』（哲学叢書　二五〇a）、ハンブルク　一九七七年
・R・ヴァルディーニ著『近世の終結　方向付けの一試論』、ヴィルツブルク　一九五〇年
・N・ヒンスケ編『啓蒙とは何か』、ダルムシュタット　一九七三年
・E・ユンゲル著『世界の奥義としての神』、チュービンゲン　一九七七年
・F・X・カオフマン、J・B・メッツ著『将来能力 キリスト教における探究の動き』、フライブルク　一九八七年
・J・B・メッツ著『キリスト教の人間中心性　トマス・フォン・アクィナスの思考形式について』、ミュンヒェン　一九六二年
・H・E・リヒター著『神複合体 人間の全能信仰の誕生とその危機』、ラインベク　一九七九年
・M・レントゲン著『一切を理解とは、一切を許すことであろう……アウシュヴィッツへの神学的諸反省の誘因と不可能性への序論』、ボン　一九九一年
・H・セドルマイル著『中心の喪失』、ザルツブルク　一九四八年（第五版：一九五一年）

・O・シュペングラー著『西洋の没落』、ミュンヒェン（一九一八―一九二二）一九六三年
・H・ヴァルデンフェルス著『文脈の基礎神学』、パーダーボルン、一九八八年（第二版）

[第三章]

・P・Lベルガー著『異端への圧迫 多元論的利益社会における宗教』、フランクフルト 一九八〇年
・J・ブラウアーズ編『私の神の像 一読本』、ミュンヒェン、一九九〇年 項目：K・ヴァイス
・H・ガスパー編『諸宗派の百科事典 特別諸グループと世界観』、フライブルク 一九九〇年
・久松真一著『覚の哲学 悟りと無神論』、チューリヒ、ミュンヒェン 一九九〇年
・J・B・メッツ著『歴史と利益社会における信仰』、マインツ 一九九二年
・K・ラーナー著『言葉の聞き手 宗教哲学の基礎づけの為に』、ミュンヒェン 一九六三年（第二版）
・F・C・レーバイン著『キリスト教とアフリカ系―ブラジルの諸祭式における救済』、ボン 一九九〇年
・H・R・シュレッテ著『小さな形而上学』、フランクフルト 一九九〇年
・M・ゼクラー著「宗教の神学的概念」（W・ケルン、H・J・ポットマイヤー、M・ゼクラー編『基礎神学の案内書』第一巻、フライブルク 一九八五年 一七三―一九四頁）
・H・ヴァルデンフェルス著『諸宗教の出会い』第一巻、ボン 一九九〇年
・H・ヴァルデンフェルス編『諸宗教の百科事典 諸現象―歴史―諸理念』、フライブルク 一九八八年（第二版）、二〇〇〇年（第四版）
・H・ヴァルデンフェルス著「宗教理解」（P・アイヒャー編『科学基礎概念の新案内書』第四巻、ミュンヘン 一九九一年（第二版））

［第四章］

・M・ブーバー『対話の倫理』、ハイデルベルク　一九七三年（第三版）
・R・フリードリ著『故郷としての無知　諸宗教間対話の為の標準を求めて』、フライブルク　一九七四年
・E・レヴィナス著「対話」（F・ベックレ他編『現代社会におけるキリスト教信仰』、フライブルク　一九八一年、六一－八五頁）
・E・レヴィナス著「神と哲学」（B・カスパー編『神と名づけること　現象学的接近』、フライブルク、ミュンヒェン　一九八一年、八一－一二三頁）
・J・B・メッツ著「回想的文化に対して」（H・レヴィ編『大虐殺　理解の諸限界　歴史の守備についての一論争』、ラインベーク　一九九二年、三五－四一頁）
・M・A・マイヤー著『近代的傾向におけるユダヤの同一性』、フランクフルト　一九九二年
・K・プリュム著『斬新的経験としてのキリスト教　キリスト教的－古代的出会いによる洞察』、フライブルク　一九三九年
・M・レントゲン著『全ての理解は全ての許容……アウシュヴィッツの神学的反省の契機と不可能性への序論』、ボン　一九九一年
・H・シュティーグレッカー著『回教の教義』、パーダーボルン　一九六二年
・H・ヴァルデンフェルス著『文脈の基礎神学』、パーダーボルン　一九八二年（第二版）
・E・ゼンガー著『第一の契約　ユダヤの聖書とキリスト者たち』、デュッセルドルフ　一九九一年

［第五章］

・P・アンテス編『イスラム　宗教・倫理・政治』、シュトゥットガルト　一九九二年

・J・ボウマン「コーランにおける神と人間　宗教的人間学の一つの構造形態　アッラーとムハンマドを手がかりとして」、ダルムシュタット　一九七七年
・H・ブッセ著『イスラム教とユダヤ教・キリスト教との神学的関連　コーランにおける対話の根拠および現代の状況』、ダルムシュタット　一九八八年
・W・エンデ、U・シュタインバッハ他編『現代のイスラム』、ミュンヒェン　一九八四年
・G・エントレス著『イスラム史入門』、ミュンヒェン　一九八二年
・R・パレット訳『コーラン』、シュトゥットガルト　一九八〇年
・K・マリア・マルティーニ枢機卿著『ミラノ講演』、（CIBEDO 5 No.1（一九九一年）所収）
※ CIBEDO（Christlich-islamische Begegnungs- und Dokumentationsstelle）
・W・ケルバー編『イスラムはどれだけ寛容か』、ミュンヒェン　一九九一年
・G・リッセ著『マリアの子キリストは神である』、ボン　一九八九年
・A・シンメル著『イスラムの神秘主義的次元』、アーレン　一九七九年
・B・ティビ著『イスラムと社会的変化の文化的克服という問題』、フランクフルト　一九八五年
・B・ティビ著『イスラム原理主義、現代科学、技術』、フランクフルト　一九九〇年
・B・ティビ著『原理主義からの挑戦　イスラムと世界政治』、ミュンヒェン　一九九二年
・H・ヴァルデンフェルス著『諸宗教の出会い　神学的試論1』、ボン　一九九〇年
・H・ヴァルデンフェルス編『宗教事典　現象・歴史・理念』、（TB版）フライブルク　一九九二年
・H・ツィルカー著『キリスト教とイスラム教　神学上の親和性と対抗』、デュッセルドルフ　一九八九年

［第六章］

・R・ガルディーニ著『主　イエス・キリストの人格と生涯についての考察』、ヴュルツブルク　一九六五年
・ハルプファス著『インドとヨーロッパ　精神的出会いの視点』、バーゼル、シュトゥットガルト他　一九八一年
・R・フンメル著『インド宣教と西欧の新たな敬虔　西欧文化におけるインドの宗教運動』、シュトゥットガルト　一九八〇年
・H・J・クリムカイト著『政治的ヒンズー教　宗教的改革と政治的覚醒の間にいるインド思想家』、ヴィースバーデン　一九八一年
・H・J・クリムカイト著『ブッダ　その生涯と教え』、シュトゥットガルト　一九九〇年
・H・キュング、J・V・エス、H・V・スティーテンクロン、H・ベッヒェルト共著『キリスト教と世界の諸宗教』、ミュンヒェン　一九八四年
・H・キュング、K・J・クシェル共著『世界倫理（Weltethos）の表明　世界の諸宗教の宗教会議宣言』、ミュンヒェン　一九九三年
・K・J・ノッツ著『ドイツの仏教とその自己理解　宗教の文化的変容の問題に関する宗教学的考察』、フランクフルト　一九八四年
・G・オーバーハンマー編『包括主義　一つのインド的思考形態』、ウィーン　一九八八年
・A・ピエリス著『アジアの解放神学　貧困と多宗教というコンテクストにおけるキリスト教』、フライブルク　一九八六年
・P・シュミットーリューケル著『獅子の唸りを聞く　仏教的救いの使信についてのキリスト教的理解の解釈学に向けて』、パーダーボルン　一九九二年

・H・V・スティーテンクロン著『ヒンズー教／ヒンズーの諸宗教』（H・ヴァルデンフェルス編『宗教事典　現象・歴史・理念』、フライブルク　一九八八年　二八八－二九六頁）
・H・ヴァルデンフェルス著『仏教の魅力　キリスト教と仏教の対話に向けて』、マインツ　一九八二年
・H・ヴァルデンフェルス著『思考可能なものの限界において　東洋と西洋における瞑想』、ミュンヒェン　一九八八年
・H・ヴァルデンフェルス著『諸宗教の出会い　神学的試論1』、ボン　一九九〇年

［第七章］

・W・バイナート著『カトリックの原理主義　教会内の異端集団とは』、レーゲンスブルク　一九九一年
・E・ビゼル著『宗教的言語の障壁　言語懐疑論（Logaporetik）の構築』、ミュンヒェン　一九八〇年
・E・ビゼル著『信仰史の転換　ある神学的立場から』、グラーツ　一九八六年
・E・ビゼル著『信仰のゆくえ　ポスト世俗化時代の概観』、グラーツ　一九九一年
・P・L・ベルガー著『異端への強制　多元的社会における宗教』、フランクフルト　一九七九年
・L・ボフ著『教会　カリスマと権力　好戦的な教会論の研究』、デュッセルドルフ　一九八五年（邦訳『教会、カリスマと権力』、石井健吾・伊能哲大訳　エンデルレ書店）
・P・K・ファイヤアーベント著『方法的強制に抗して』、フランクフルト　一九八五年（邦訳『方法への挑戦　科学的創造と知のアナーキズム』、村上陽一郎・渡辺 博訳　新曜社）
・K・ホーアイゼル著『混合主義』（『宗教事典　現象・歴史・理念』、（H・ヴァルデンフェルス編、フライブルク　一九八八年）六二六－六二八頁）
・F・X・カウフマン著『宗教と近代性　社会学的視点』、テュービンゲン　一九八九年

・K・キンツラー編『新しい原理主義　社会と宗教にとっての救いか危険か?』、デュッセルドルフ　一九九〇年
・H・コッホアネク著『抑圧された自由　教会の中の原理主義』、フライブルク　一九九一年
・M・マクルーハン著『魔術的なチャンネル』、フランクフルト、ハンブルク他　一九七〇年
・T・マイヤー編『現代世界における原理主義　非理性の国際組織』、フランクフルト　一九八九年
・H・マルクーゼ著『一次元的人間　先進工業社会のイデオロギー研究』、ノイヴィート、ベルリン他　一九六七年（邦訳『一次元的人間 新装版　先進産業社会におけるイデオロギーの研究』、生松敬三・三沢謙一訳　河出書房新社）
・アレクシス・ド・トクヴィル著『アメリカにおける民主主義』、ミュンヒェン　一九八八年（邦訳『アメリカのデモクラシー』松本礼二訳　岩波書店（岩波文庫））
・H・ヴァルデンフェルス著『思考可能なものの限界において　東洋と西洋における瞑想』、ミュンヒェン　一九八八年
・J・ヴェルビック編『啓示の要求と原理主義の誘惑』、フライブルク　一九九一年

[第八章]

・E・バイサー著『信仰史の転換』、グラーツ他　一九八六年
・H・フリース著『教会での苦難』、フライブルク　一九八九年
・B・ヘリング著『教会との我が経験』、フライブルク　一九八九年
・イグナチウス・フォン・ロヨラ著　P・クナウアー編・解説『心霊修業』、グラーツ　一九七八年（邦訳イグナチオ・デ・ロヨラ著『霊操』門脇佳吉訳・解説　岩波書店（岩波文庫））

・H・キュング著『キリスト者であること』、ミュンヒェン　一九七八年
・H・R・ローリン、D・ゼーバー他編『信徒を動かすもの　教会の立場に向けて』、フライブルク　一九八九年
・J・M・リュスティジェ著『神の選び　ユダヤ的出自、カトリックへの改宗、教会と社会の未来』、チューリッヒ　一九九二年
・J・ノルテ著『実験的神学　メタ神学へのかけ橋』、デュッセルドルフ　一九七五年
・K・ラーナー著『信仰の基礎講義　キリスト教という概念への入門』、フライブルク　一九七七年
・E・スヒレベークス著『イエス　一人の生ける者の歴史』、フライブルク　一九八九年（邦訳『イエス　一人の生ける者の物語』、ヴィセンテ・アリバス、塩谷惇子訳（第一巻）、宮本久雄・筒井賢治訳（第二巻）、ヴィセンテ・アリバス、井原彰一訳（第三巻）　新世社）
・E・スヒレベークス著『人間　神の歴史』、フライブルク　一九九〇年
・カール・ラーナーの論文『愛の怒り　教会の怒れる男たち』、N・ゾマー編、シュトゥットガルト－ベルリン　一九八三年
・H・ヴァルデンフェルス著『コンテクスト的基礎神学』、パーダーボルン　一九八八年
・J・ヴォールムート著『イエスの道　われわれの道　秘教的キリスト論小論』、ヴュルツブルク　一九九二年

訳者あとがき

本書の内容は、「著者まえがき」で、各章での論じられている問題がはっきりと述べられています。従って、各章の詳しい内容はここでは省きます。それよりは、ドイツのボン大学（カトリック神学部教授）時代に、しかも同時にカトリックの神父のヴァルデンフェルス先生が出版社の一博士によって提案された副題であったとは言え、「諸宗教の世界における一世界宗教」という副題の下で、徹底的な諸宗教の中の一世界宗教という視点から、キリスト教を根源的に考察し得たことは、大きな驚きであります。ヨーロッパでは、それ程までに宗教を抑圧もなく、根源的に、しかも真に宗教的に考察することが可能になっていることは、素晴らしいことと考えられます。

以上のことは、一九九五年のボン大学での国際シンポシウムの講演に招待され、ヴァルデンフェルス先生の上級ゼミに二、三度参加させて頂いた時に、既に驚きをもって痛感したことでもありました。かつてハンブルク大学に私が留学した頃（一九六五–一九七三）にはプロテスタントの神学部でも未だ、宗教の世界ではキリスト教が一番上に位置づけられ、絶対視されていました。学生も上級ゼミでは外国人は数名であり、全参加者も常に十名前後でありました。しかし、既に一九九五年の国際シンポジウムの際に覗いた上級ゼミには、ドイツ人の学生数以上の多数のアフリカ系の外国人が出席していました。また、各国の学生の発表が、当該学生の出身国の事情を踏まえての内容であることにも驚嘆しました。このゼミに出席していた各学生が他国の他文化に熱心に耳を傾け、質問していることにも、時代の相違を深く感じました。既にその時に、ドイツでのキリスト教の絶対性が緩和され、人種差別がなくなり、あらゆる面での多元性が認められ始めていることが実感できました。その時の国際シンポジウムの記録（Religion und Identitaet — Im Horizont des Pluralismus —, Hrg. von W. Gephart und Hans Waldenfels, suhrkamp taschenbuch wissenschaft, 1999）の内容からも分かるように、西欧のキリスト教の他に、女性解放の神学やユダヤ教、また、インドの文化論、中国仏教、チベット仏教、日本の宗教状況、イスラム教が語られ、論究されました。そこでは、宗教における相補性も理解されました。

さて、この翻訳書の原書（Phaenomen Christentum）の出版は、先のシンポジウムの一年前の一九九四年であります。しかし、翻訳は、諸般の事情から、残念ながら随分と遅れてしまい、ヴァルデンフェルス先生のお考えを早く日本の皆様にお読みいただけず残念でありましたが、翻訳からは様々なことを学ぶことができます。

まず、人間の平等や民族の平等を基礎にした、人間の各人の「今、ここ」における全人的な根源からの宗教の考察が語られていることが理解できます。ドイツのカトリックの神父であり、カトリックの神学部の現役の学部長が、自ら生きている宗教のカトリック信仰やカトリック神学からだけではなく、これ程までに深く諸宗教をそれらの根源から宗教哲学的に考察し得ることは、大きな驚きであります。

仏教やキリスト教や儒教的、神道的雰囲気の中で育ってきた私は、諸宗教に優劣をつける関心もなければ自らの生きる宗教を絶対視する意図も全くありません。ただ、若い時から、諸宗教の「今、ここ」での根源とは何か、諸宗教が「超越」と見なす次元は、現実の日常茶飯事の次元とどのように関係しているのか、を考察しないと、家族の団欒もスムーズに運ばないことが問題として分かっていました。現在の「今、ここ」の根源は、絶対無（＝二重の絶対の否定性）と理解され得、現実の日常茶飯事の次元と超越の次元とは、本来的には「一」であり得る筈であります。しかし、虚無（＝空席となった、かつての神や仏が座して居給われた座）が支配するニーチェ以後の世界においては、人間の各人の深い究極的な自覚を通しての人格の向上とすべての人々と共に生きる向下への限りない努力を伴った、対話を含む各種の修行が必要です。家族であれ、相手の立場に立って考えないと、すべては平和裏には進みません。

ヴァルデンフェルス先生は、諸宗教の「今、ここ」における視点からばかりでなく、主要な諸宗教の歴史をも踏まえて、諸宗教を歴史的にも究明しています。それのみか、第二次世界大戦でのナチのユダヤ人やユダヤ教徒に対する行為を無視したり、それに対して沈黙するのではなく、はっきりとキリスト教の過ちを認めていることから、その偉大さが訳者にのみならず、日本の読者の皆様にも伝わっていくと思います。日本も、過去においては、仏教徒であれ、仏教学者であれ、その他いずれの宗教の信者、学者であれ、中国や満州、韓国や南アジアで人間に対する悪や神仏に対する罪を犯してきています。また、それらを悪や罪として認めようともしないで過ごしている人々もいます。第二次世界大戦後のそのような、心の乱れた世界的状況の中で、世界の宗教哲学の最先端で活躍なさっているヴァルデンフェルス先生が、かつてのドイツのナチ党の悪や罪を公に認めることは容易ではなく、そのためには大きな勇気が必要であったと思われます。

しかし、「今、ここ」での各人の自己における、そのような根源的な反省によってのみ、すべての宗教は力強く現代に生き続けることができ、キリスト教神学も、他宗教との対話で力を合わせ、諸宗教の神学から、常に新たに「人間とは何か」を問い続け、各時代にふさわしい人間の在り方や宗教の在り方、あるいは宗教哲学の在り方が探究され続けられていくことができると考えられます。

ところで、日本人の読者にも容易に理解を可能にするようなヴァルデンフェルス先生の、京都学派の哲学に対する理解の深さは、キリスト教、仏教、イスラム教などの世界の重要な諸宗教に対する、それらそれぞれの歴史と同時に、「今、ここ」での根源的な人間の在り方との、探究の深さに由来していると考えられます。

本書の翻訳に際しては、多くを学ばせて頂いたことに深く感謝すると共に、色々な翻訳上の質問にも著者から懇切にお答え頂いたことに、心より感謝致しています。

さて、ドイツ・ボン大学名誉教授のハンス・ヴァルデンフェルス先生の著書の翻訳は私にとっては二冊目です。一冊目は『絶対無――仏教とキリスト教の対話の基礎づけ』（Ansolutes Nichts ― Zur Grundlegung des Dialogs zwischen Buddhismus und Christentums, 1976, Herder）でした。今回の翻訳の原書は、Phaenomen Christentum ― Eine Weltreligion in der Welt der Religionen,（Herder, 1994）です。しかし、本書の出版権はHerderからBorengässer（Bonn）に移り、現在はBonifatius-Verlagに帰属しています。一冊目は、私の京大の学生時代の主任教授であられた西谷啓治京都大学名誉教授のご依頼により、松山康国関西学院大学名誉教授との、前半と後半との分担で、私は後半を翻訳しました。しかし、今回は私の多忙のために私は一章から四章までを訳し、後半の五章から八章までの翻訳は大阪府立大学大学院総合科学研究科修士課程修了の吉水淳子さんに担当して頂きました。その後、全体を花岡が目を通し、修正を致しました。

翻訳の編集に際しましては、「大阪公立大学共同出版会（ＯＭＵＰ）」の編集担当の川上直子様に適切なご助言を頂く等々、大変お世話になりましたことに、心より厚くお礼申し上げます。

なお、本書翻訳出版に際してWaldenfels-Born-Stiftungから補助金の交付を受けたことを感謝致します。

広島の明神山にて

二〇一九年十月十三日

花岡永子

【原著者紹介】

Hans Waldenfels（Prof. emeritus, Dr.Dr. Dr.h.c.）

1931年ドイツのEssen/Ruhrに生まれる。イエズス会司祭。ローマ大学の神学博士、ヴュルツブルク大学の神学博士取得後、同大学で大学教授資格を授与される。1977年からドイツのボン大学のカトリック・神学部の教授。神学部学部長後は同大学の名誉教授。専門領域は基礎神学、諸宗教の神学、宗教哲学。1993年にはワルシャワ大学から名誉博士号が授与された。主著としては、『啓示』、『絶対無』、『コンテクスト的基礎神学』などが挙げられるが、その他多数の著書が出版されている。また多くの論文が出されている。日本でも神学を学び、哲学の京都学派の西谷啓治博士との交流関係も深く、仏教への造詣も深い。

【訳者略歴】

花岡　永子（はなおか　えいこ（別姓：川村〈亡夫の姓〉）

1938年東京都に生まれる。1965年ドイツのハンブルク大学神学部組織神学科博士候補生コース留学（～1973年）。1968年京都大学大学院文学研究科博士課程（宗教哲学専攻）中退。2000年イギリスの世界人名辞典センター（IBC）からInternational order of Meritを授与され、同協会のLifelong Patronに指名される。2001年アメリカの人名辞典協会からWorld Laureateを授与され、同協会からInternational Directory of Distinguished Leadershipに指名される。

現在：大阪府立大学名誉教授、奈良学園大学名誉教授、神学博士（ハンブルク大学）、文学博士（京都大学）。

著書：『キリスト教と西田哲学』（新教出版社、1988年）、『心の宗教哲学』（新教出版社、1994年）、『宗教哲学の根源的探求』（北樹出版、1998年）、『絶対無の哲学』（世界思想社、2002年）、『キリスト教と仏教をめぐって』（ノンブル社、2010年）、Zen and Christianity（Maruzen, 2008）他多数。

吉水　淳子（よしみず　じゅんこ）

1973年兵庫県神戸市に生まれる。奈良女子大学文学部社会学科哲学専攻を卒業後、大阪府立大学大学院綜合科学研究科文化学専攻を修了。「医薬翻訳者」として、独語および英語の翻訳を手がける。訳書に『整形外科における理学療法』、『エビデンスに基づく高齢者の作業療法』、『シュロス法による側弯症治療』、『クラニオセイクラル・オステオパシー』、『カイロプラクティックテクニック教本』、『筋骨格系のオステオパシー』（いずれもガイアブックス）など。

OMUP

OMUPの由来
大阪公立大学共同出版会（略称OMUP）は新たな千年紀のスタートとともに大阪南部に位置する5公立大学、すなわち大阪市立大学、大阪府立大学、大阪女子大学、大阪府立看護大学ならびに大阪府立看護大学医療技術短期大学部を構成する教授を中心に設立された学術出版会である。なお府立関係の大学は2005年4月に統合され、本出版会も大阪市立、大阪府立両大学から構成されることになった。また、2006年からは特定非営利活動法人（NPO）として活動している。

Osaka Municipal Universities Press (OMUP) was catablished in new millennium as an assosiation for academic publications by professors of five municipal universities, namely Osaka City University, Osaka Prefecture University, Osaka Women's University, Osaka Prefectural College of Nursing and Osaka Prefectural College of Health Sciences that all located in southern part of Osaka. Above prefectural Universities united into OPU on April in 2005. Therefore OMUP is consisted of two Universities, OCU and OPU, OMUP was renovated to be a non-profit organization in Japan from 2006.

キリスト教という現象
諸宗教の世界における一世界宗教

2019年11月22日　初版第1刷発行

著　者　ハンス・ヴァルデンフェルス
訳　者　花岡　永子
　　　　吉水　淳子
発行者　八木　孝司
発行所　大阪公立大学共同出版会（OMUP）
〒599-8531 大阪府堺市中区学園町1-1
大阪府立大学内
TEL　072(251)6533
FAX　072(254)9539
印刷所　株式会社 遊 文 舎

ISBN 978-4-909933-06-5